알기 쉬운 불교강좌
(제2권)

알기 쉬운

불교강좌 제2권

대안스님 지음

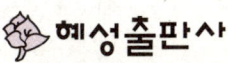
혜성출판사

| 차 례 |

제11장 불교건축　9
제1절 공간의 특성 · 11
제2절 법당과 범종루의 각부 명칭 · 13
제3절 탑 · 16
제4절 석등 · 22
제5절 부도 · 25
제6절 비 · 28
제7절 당간지주 · 31
제8절 종 · 33
제9절 장승 · 36
제10절 단청 · 37

제12장 불교음악과 무용　45
제1절 불교 음악 · 47
제2절 불교 무용 · 53

제13장 재가불자 실천윤리 57
제1절 불교와 윤리 · 59
제2절 가정 윤리 · 63
제3절 사회 윤리 · 67
제4절 경제 윤리 · 71

제14장 종교란 무엇인가 77
제1절 종교에 대한 이해 · 79
제2절 종교의 어원 · 81
제3절 철학 · 86
제4절 세계의 여러 종교 · 89
제5절 세계의 사상가 · 100
제6절 불교와 다종교 사회 · 108
제7절 절대신 · 하느님 · 우상 등에 대한 제언 · 119

제15장 재가불자의식 125
제1절 법당에서 · 127
제2절 가정에서 · 134

제16장 참선 143
제1절 선의 의의 · 145
제2절 선의 기원과 유형 · 146
제3절 선의 본질 · 152

제4절 참선의 방법 · 155
제5절 선의 효과 · 159
제6절 선의 단계 · 161
제7절 선의 기본법식과 3요소 · 163
제8절 좌선의 마침과 선체조 · 164

제17장 사경   169
제1절 사경의 의의와 역사 · 171
제2절 사경의 공덕 · 175
제3절 사경의 방법과 자세 · 176

제18장 발우공양   179
제1절 의의 · 181
제2절 발우공양의 용어와 부대기구 · 182
제3절 재가불자의 발우공양법 · 184
제4절 공양시 주의사항 · 192

제19장 다도   193
제1절 차 문화사 · 195
제2절 차의 분류 · 200
제3절 차의 효능 · 202
제4절 차의 도구 · 204

제5절 차 마시는 법 · 207
제6절 차와 불교 · 208

제20장 오늘의 불교제언 211
제1절 불교와 사회복지 · 213
제2절 불교의 포교 · 216

제21장 불교용어와 불자 상식 221
제1절 호칭 용어 · 223
제2절 불교 상징 · 231
제3절 기도 용어 · 239
제4절 행사 용어 · 245
제5절 수행 용어 상식 · 251
제6절 구조물에 대한 용어 · 258
제7절 불교에서 나온 말 · 262

참고문헌 280

부록 285

찾아보기 293

제 11 장

불교건축

제1절 공간의 특성
제2절 법당과 범종루의 각부명칭
제3절 탑
제4절 석등
제5절 부도
제6절 비
제7절 당간지주
제8절 종
제9절 장승
제10절 단청

제 11 장

불교건축

한국의 고건축(古建築)을 불교 건축이라고 하여도 과언이 아니다.[1] 이 장(章)에서는 건축을 자세히 연구하기보다는 건축의 구성요소와 특징, 구조 등 불교 건축을 이해할 수 있는 기초적인 부분만을 다루는 것으로 만족하여야 한다. 왜냐하면 불교 건축 전반적인 부분을 이해한다는 것은 한국의 고건축을 모두 이해해야 하는데 이는 상당한 시간과 전문성이 요구되므로 건축 전문가의 수준으로 넘어가야 할 것이다.

제1절_ 공간(空間)의 특징

1) 건축공간

크게 나누어 내·외부 공간으로 구분된다. 즉 지붕이 덮여져 있는 곳을 내부공간이라 하고, 덮여져 있지 않은 곳을 외부공간이라 한다.

---

1) 신영훈 저, 『국보 9』 웅진출판, 1992, 181쪽 참고.

2) 연속된 공간

　우리 나라의 건축은 내·외부 공간이 구분되기보다는 하나의 공간체계 즉 연속된 공간으로 이해되며 이들은 서로 유기적으로 융합되어 있다.[2]

3) 외부공간의 중요성

　형식적으로나마 내·외부 공간을 구분해서 본다면 외부공간의 비중이 대단히 크기 때문에 우리 나라 건축은 내부공간을 위해서라기보다는 오히려 외부공간을 위해서 존재(存在)하는 것이 아닌가 하고 생각된다. 그 이유는 주요 구조부가 목구조이므로 재료와 기술의 한계성으로 공공집회장은 내부공간이 아닌 넓은 외부공간일 수밖에 없는 것은 극히 당연하다 할 것이다.

4) 상징적인 공간

　주요한 건축물은 그 자체가 일차적인 내부공간의 기능보다 외부공간을 위한 상징적 존재로서의 역할이 더 컸으며 주위 건물은 어디까지나 외부공간을 위한 보조적인 역할로서의 의미가 더 크다고 볼 수 있다.

5) 자연에 순응

　우리 나라의 지형적인 특징을 잘 이용해서 작은 규모의 건축으로도 우수한 외부공간을 형성할 수 있는 유리한 여건을 지니고 있으며 특히 자연을 사랑하고, 자연에 순응하였던[3] 우리 민족은 건

---

[2] 신영훈 저, 『국보 9』, 184쪽 참고.

축의 외부공간 구성에 있어서 대단히 우수한 면을 보여주고 있다.

6) 연속적인 공간체계와 위계성

낮은 곳에서 높은 곳으로 올라갈수록 건물의 중요도도 함께 상승한다. 하나의 방향성을 이루어 그 축에 따라 연속적으로 공간을 변화시키는 방법은 건축의 심미성과 신비성을 한층 더 높여준다.

제2절_ 법당과 범종루

1) 법당 건축물의 각부 명칭

① 치미(鴟尾) : 용마루 좌우 끝에 장식하던 상정(想定)의 물고기 꼬리 형상이다.

② 용마루(梁城) : 기와지붕 중 제일 높은 마룻대이다.

③ 기둥머리 : 기둥의 윗부분이다.(막기둥과 건지기둥의 두가지가 있다)

④ 기둥몸 : 기둥의 몸체부분 중방(中枋)이 짜이는 부분이다.

⑤ 기둥뿌리 : 기둥의 밑둥이다.

⑥ 주초석(柱礎石) : 기둥을 받치는 여러 가지 모습의 돌이다.

⑦ 박공널(朴工板) : 맞배지붕, 팔작지붕의 합각을 구성하기 위하여 설치하는 인형(人形)의 판재이다.

⑧ 추녀(春舌) : 기와지붕에서 맞배가 아닌 지붕들이다.

---

3) 신영훈 저, 『국보 11』 웅진출판, 1992, 215쪽 참고.

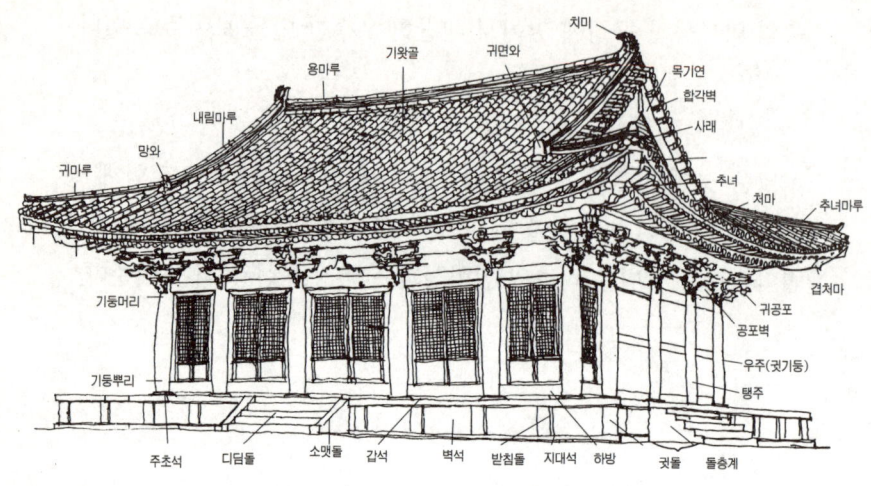

법당 일반적으로 부처님을 모신 곳으로 부처님에 따라 그 이름이 다르다.

⑨ 처마(軒) : 지붕을 구성하기 위한 기반 구조이다.

⑩ 기왓골 : 기와지붕에 빗물이 떨어졌을 때 쉽게 흘러내리도록 암기와를 깐 바닥에 수기와를 덮어 골을 이룬 것이다.

⑪ 귀면화(鬼面瓦) : 각 마루 끝에 설치하는 장식 기와이다.

⑫ 귀기둥(우주:隅柱) : 평주의 외곽 기둥열 중에서 네 귀퉁이에 위치하는 것이다.

⑬ 공포(貢包) : 지붕의 무게를 기둥에 전달하도록 구조된 짜임이다.

⑭ 내림마루 : 합각벽과 지붕이 만나 이루는 등성이 부분의 곡선이다.

⑮ 합각벽 : 지붕이 만나는 측면부분, 맞배지붕과 팔짝지붕에서 나타난다.

⑯ 추녀마루 : 처마비귀와 지붕이 만나 이루는 등성이 부분의 곡선이다.
⑰ 겹치마 : 이중처마형식의 주로 다포식에서 나타나며 웅장이가 나타난다.
⑱ 귀공포 : 공포 형식은 주심포와 다포식이 있으며, 도형은 다포식이 아닌 주심포 양식으로 시대적 배경은 조선시대인 것으로 추정된다.

2) 범종루의 각부 명칭

① 바래기(망새 : 望瓦) : 치미, 취두, 용두 등을 둘 수 없는 건물에서의 용마루 마감의 좌우 끝에 암막새처럼 생긴 무늬 있는 것을 설치한 것이다.

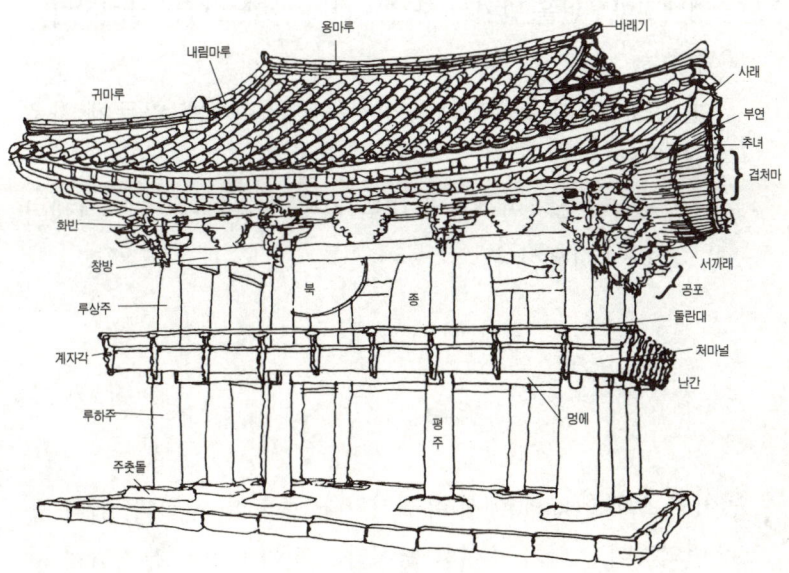

범종루 일반적으로 절에서 예불이나 의식때 사용하는 사물이 있는 곳이다.

② 사래(蛇羅) : 추녀 끝에 설치하여 겹처마를 이루게 하는 굵은 부재이다.
③ 부연(附椽) : 겹처마를 이루는 부재로 각재(角材)다.
④ 서까래(椽, 桷) : 둥근 통나무를 그냥 쓴 것은 연, 다듬어 각재로 쓴 것은 각이다.
⑤ 창방(昌枋) : 기둥머리에 걸어 두 기둥을 얽는 기본 부재이다.
⑥ 루하주(樓下柱) : 다락집(누사 : 樓榭) 구성에서 마루 밑으로 세우는 기둥이다.
⑦ 평주(平柱) : 건물 외곽에 세운 기둥으로 외진주(外陣柱), 갓기둥(邊柱)이라고도 한다.
⑧ 용마루 : 경사지붕의 맞닿은 곳이 이루는 곡선, 착고, 부고, 적새로 형성 되어 있다.
⑨ 멍에 : 마루판을 받치는 장선을 다시 받치고 있는 부재이다.
⑩ 주춧돌
   ㉮ 정평주초(定平柱礎) : 초석윗면을 평탄하게 다듬어 사용한다.
   ㉯ 덤생주초 : 자연석을 그대로 사용 기둥 아랫단을 그랭이질하여 사용한다.

제3절_ 탑(塔)

범어의 스투파(stūpa)에서 유래되었다. 졸도파, 수두파, 탑파 등으로 번역하여 쓰다가 줄여서 탑이라고 한다.[4] 탑은 부처님의 사리를 봉안하기 위해 만든 건축물이다. 말하자면 사리신앙과 더불어 탑이 세워지기 시작했다.[5] 그러나 중국이나 우리나라에서는 부처님의 진신사리 대신 불경, 불상 등의 법신사리를 봉안한 탑도 건립하게 되었다.

탑(塔)은 형태에 따라 복발형탑(覆鉢形塔)·감탑(龕塔)·주탑(柱塔)·안탑(雁塔)·라마탑(喇嘛塔)·다보탑(多寶塔)·보협인탑(寶篋印塔)·오륜탑(五輪塔) 등으로 나누어지며, 재료에 따라 목탑(木塔)·전탑(塼塔)·모전석탑(模塼石塔)·석탑(石塔)·니탑(泥塔)·금동탑(金銅塔)·청동탑(靑銅塔)·철탑(鐵塔) 등이 있다.[6] 인도에서는 스투파라 하여 복발형으로 마치 분묘와 같은 형태의 탑이 유행하였는데, 시대가 지나면서 점차 기단부, 탑신부, 상륜부의 세 부분으로 구성된 탑 형식이 만들어지게 되었다. 한편 산지에서는 1탑, 평지에서는 쌍탑의 형식을 취하였다.

중국에서는 전탑과 목탑, 한국에서는 석탑, 일본에서는 목탑이 주류를 이루면서 발달하였다.[7] 한국에서는 불교의 전래와 함께 4세기 후반부터 세워지기 시작하여 인도·중국과는 다른 독특한 형식의 탑이 만들어졌다.[8]

3) 탑의 명칭

① 보주(寶珠) : 위가 뾰족하고 좌우 양쪽과 위에서 불길이 타오르는 형상으로 된 여의보주이다.

---

4) 석청암 엮음, 『불교, 절에 대한 바른 이해』 우리출판사, 1996, 56쪽 참고.
5) 동국불교미술인회 역, 『알기 쉬운 불교미술』 불교방송, 1998, 110쪽 참고.
6) 동국불교미술인회 역, 앞의 책, 110쪽 참고.
7) 金吉祥 편, 『불교학대사전』 홍법원, 1998, 2633쪽 참고.
8) 석청암 엮음, 앞의 책, 60쪽 참고.

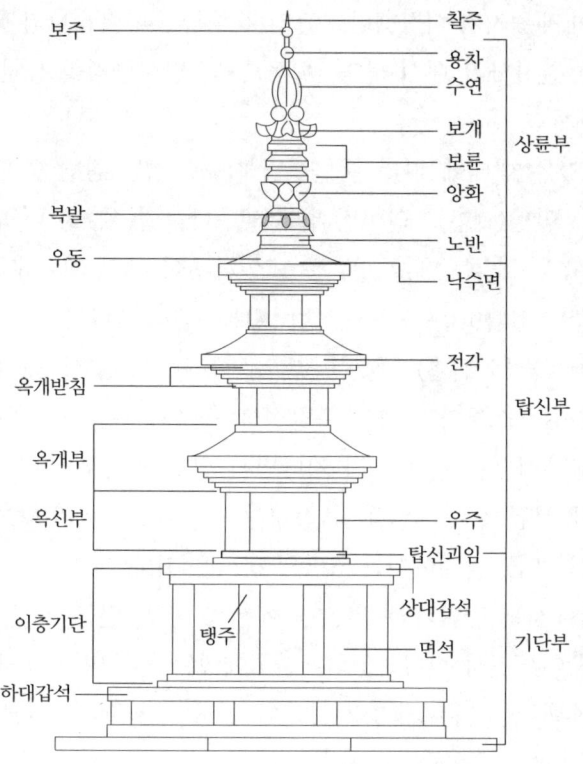

석탑 탑은 사리를 봉안하기 위해 만들어졌으나 나중에는 법신사리를 봉안하기도 했다.

② 용차(龍車) : 불의 형상을 한 마차이다.
③ 수연(水烟) : 잔잔한 물방울이 퍼져있는 자욱한 물연기(spray)이다.
④ 보개(寶蓋) : 보옥의 덮개이다.
⑤ 보륜(寶輪) : 보석으로 만든 바퀴모양이다.
⑥ 앙화(仰花) : 꽃을 받들고 있는 모습이다.
⑦ 복발(覆鉢) : 주발을 뒤집어 놓은 형태이다.

⑧ 노반(露盤) : 탑의 층계에 한 부분. 상륜의 아랫부분에 해당하는 기초부분이다.
⑨ 우동(隅棟) : 모서리 등마루이다.
⑩ 낙수면(落水面) : 빗물을 처리하는 지붕의 한면이다.
⑪ 전각(轉角) : 낙수면과 옥개석 받침으로 각도 전환 부분이다.
⑫ 옥개석(屋蓋石) : 지붕모양의 돌이다.(집을 덮은 모양)
⑬ 옥개받침 : 옥개석을 받치는 받침이다.
⑭ 우주(隅柱) : 네 귀퉁이 기둥으로 가운데 기둥보다 약간 길게 솟아 올리게 하여 치마곡선과 조화되며 시각을 보정하는 것이다.
⑮ 탑신괴임 : 탑신을 괴인 부분이다.
⑯ 상대갑석(上台甲石) : 기단부의 윗부분이다.
⑰ 갑석부연 : 상·하대 갑석을 받치는 부분이다.
⑱ 면석(面石) : 기단부의 벽면부분이다.
⑲ 하대갑석(下台甲石) : 기단부의 아랫부분이다.
⑳ 지대석(地台石) : 땅을 지탱한 탑의 맨 밑부분이다.

(1) 목탑

목탑은 나무로 만든 탑으로 인도에서는 보기 드문 편이나 중국에서는 성행하였다. 한국에서는 중국의 고루형(高樓形) 목탑 형식의 영향을 받아 초기에는 다층의 누각형(樓閣形) 목탑이 만들어진 것으로 추정된다.[9] 지금은 흔적만 남아 있지만 대표적인 목탑으로 신라의 '황룡사지9층목탑'과 '사천왕사지쌍탑'을 들 수 있다.[10]

---

9) 동국미술인회 역, 앞의 책, 111쪽 참고.

(2) 석탑

석탑은 부처의 사리를 안치하기 위하여 돌을 쌓아서 만든 탑으로 분탑(墳塔) 또는 묘탑(墓塔)이라고도 한다. 중국 서진(西秦) 시대에서 석탑 건립에 관한 문헌이 있으며 현존하는 예로는 5세기경에 만들어진 운강석굴 안에 있는 '4각 5층 석탑'이 있다. 한국에는 1,000개 이상의 탑이 현존하는데 이 중에서 석탑은 재료의 견고성과 내구성으로 인해 오늘날 가장 많이 남아있다.

석탑은 7세기경 백제와 신라에서 이전의 목탑 구조를 모방하여 만들기 시작하였다. 삼국시대 석탑의 특징은 목탑의 구조를 최대한 재현하였으므로, 백제의 '미륵사지석탑'에서 가구수법(架構手法)·배흘림기둥 등이 뚜렷하게 나타난다.[10] 통일신라시대 초기에는 '감은사지삼층석탑'에서 볼 수 있듯이 상하 2층의 기단과 우주(隅柱)가 있는 옥신(屋身), 5단의 옥개 받침, 추녀 끝이 약간 들리는 특징 등 석탑 양식의 전형이 성립된다. 8세기에 이르면 하층 기단의 탱주(撑柱)가 둘로 줄고 탑신과 옥개석(屋蓋石)이 하나의 돌로 만들어지는 등 축소현상이 나타난다.

8세기말부터는 규모도 더욱 작아지고 간략화되는 반면 조각솜씨가 정교해져 표면에 불·보살 등의 장식문양이 조각된다. 9세기경에는 조각 장식이 더욱 유행, 불국사 다보탑과 같은 이형(異型) 양식의 석탑이 조성되었다. 고려시대에는 석탑이 전국적으로 분포되어 각 지방의 색채가 가미되면서 다양한 변화를 보인다. 경상도 지역은 신라석탑의 전통을 계승하였고, 백제지역에서는 목조

---

10) 신영훈 저, 『국보 6』 웅진출판, 1992, 204쪽 참고.
11) 동국불교미술인회 역, 앞의 책, 112쪽 참고.

가구(架構)의 특징을 그대로 유지하였다.[12] 새로운 유형의 석탑은 '월정사 팔각구층석탑' '경천사지 십층석탑' 등이 있는데, 방형중층(方形重層) 형식으로 이루어졌다. 조선시대 석탑은 초기에는 방형중층이 일반화되다가 후기에는 전란 등으로 석탑건립이 단절되다시피 하였다.

봉발탑(奉鉢塔)은 석가모니 부처님의 법기(法器)인 발우(鉢盂)와 가사(袈裟)를 그의 상수제자인 가섭존자가 미륵불에게 봉정한다는 이야기에 따라 용화전 앞에 조성하는 것으로 기단부(基壇部)에는 석등의 형태와 유사하나 신부(身部)에 대형 발우를 조각한 석조물이다.

(3) 전탑(塼塔)

전탑은 벽돌로 만든 탑으로서 중국에서는 남북조(南北朝) 시대부터 목조건축의 처마와 두공(枓栱)을 모방한 전탑이 유행하기 시작하였고, '숭악사 12각 5층전탑(523년)'이 가장 오래된 예이다. 이러한 형식은 당·송대(唐·宋代)에 이르기까지 많이 건립되었다.[13]

(4) 모전석탑

모전석탑이란 전탑의 형식을 모방한 석탑을 말한다. 우리나라에서는 전탑보다 모전석탑이 더 많이 유행하였다. 모전석탑은 그 형태에 따라 다음과 같은 두 가지 유형으로 구분할 수 있다. 첫째는 석재를 벽돌처럼 작게 가공하여 전탑 모양으로 쌓아올린 유형

---

12) 동국불교미술인회 역, 앞의 책, 113쪽 참고.
13) 신영훈 저, 『국보 6』 118쪽 참고.

이고, 둘째는 일반적인 석탑과 동일한 형태를 취하면서 다만 표면을 전탑처럼 가공하여 축조한 유형이다.[14]

첫째 유형에 속하는 탑으로는 '경주 분황사 석탑'(국보 30호)을 위시하여 파손된 그 동남쪽의 탑, '제천 장락리 7층 석탑'(보물 459호), '영양 현희동 5층 석탑', '영양 봉감동 5층 석탑', '영양 삼지동 석탑', '상주 상병리 석심회피탑' 이 있다.

둘째 유형에 속하면서 일반형 기단 위에 축조된 탑으로는 '의성 탑리 5층 석탑', '의성 빈계동 5층 석탑', '선산의 죽장사지 5층 석탑', '선산 낙산동 3층 석탑', '경주 용장리 3층 석탑' 등이 있다.

(5) 금동탑 · 청동탑 · 철탑

금동이나 청동, 철 등 금속제 탑은 옥외에 설치하여 예배하기보다는 건물 내에 봉안하기 위해 만들었다. 탑이라고 하기보다는 소형의 장엄물이라 할 수 있다. 또한 사리를 담은 사리장엄구도 작은 탑의 모양을 한 경우가 있다. 그러나 현대에 와서 경제적 윤택함과 주조기술의 발달로 청동불상과 더불어 대형의 청동탑이 사찰에 안치되기도 한다.

제4절_ 석등

석등은 야외에서 불을 밝히기 위해 만들어진 석조물이다.[15] 『불

---

14) 동국불교미술인회 역, 앞의 책, 116쪽.

설시등공덕경(佛說施燈功德經)』에서는 죽은 이를 위하여 탑묘 앞에 등불을 밝히면 33천에 다시 태어나 다섯 가지의 청정을 얻을 수 있다고 하여 석등의 시주를 권장하고 있다. 이와 같은 석등은 대개 사찰의 중앙에 불탑과 더불어 배치되는데 법당이나 불탑 앞에 설치하여 부처님의 광명을 상징한다는 뜻에서 광명등(光明燈)이라고 불러왔다.16) 나중에는 스님들의 무덤인 부도 앞에도 세워지게 되었으며, 고려시대부터는 왕이나 정승의 무덤 앞에도 간간이 모습을 보이고, 불교가 쇠퇴한 조선시대에는 무덤 앞에 주로 석등을 세워 장명등(長明燈)이라 일컬었다.

옛날에는 법당이나 불탑 앞에 외등을 설치했는데 근래에는 좌우대칭으로 두 개의 석등을 세우는 경우가 많다.

석등의 명칭
① 보주(寶珠) : 탑의 꼭대기에 있는 상륜(相輪)의 일부. 탑의 구륜 상부에 있는 수연(水煙)의 장식위에 두는 장식물이다.
② 옥개석(屋蓋石) : 지붕 모양의 돌이다.(집을 덮은 모양)
③ 우동(隅棟) : 모서리 등마루이다.
④ 처마(軒) : 지붕을 구성하기 위한 기본구조이다.
⑤ 사천왕상 : 석등을 수호하는 신장상이다.
⑥ 화창(火窓) : 석등(石燈)의 화사석에 뚫은 창이다.
⑦ 화사석(火舍石) : 석등의 중대석 위에 있는 점등하는 부분이다.
⑧ 상대석(上台石) : 화사석과 간주석 사이로 보통 앙련(仰蓮)부

---

15) 월간미술 엮음, 『세계미술용어사전』, 월간미술, 1999, 241쪽 참고.
16) 동국불교미술인회 역, 앞의 책, 122쪽 참고.

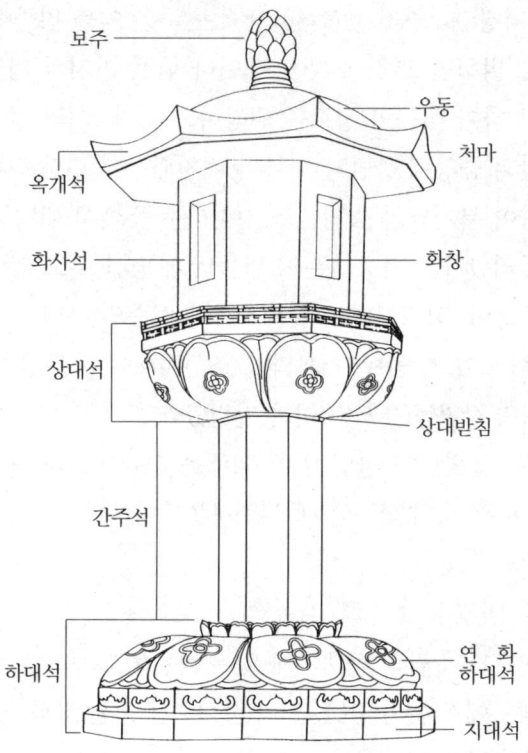

석등 일반적으로 법당 앞에서 불을 밝히기 위해 세운 석조물이다.

조이다.
⑨ 상대받침(上台) : 상대석의 받침대이다.
⑩ 간주석(竿柱石) : 석등의 기둥이다.
⑪ 간주석굄 : 간주석을 괴이는 부분이다.
⑫ 하대석(下台石) : 석등의 밑에 받친 대석이다.
⑬ 연화하대석(蓮華下台石) : 복련(覆蓮)모양을 부조한 석등의 밑부분이다.

⑭ 지대석(地台石) : 지면에 터를 잡은 돌이다.

제5절_ 부도

부도(浮屠)는 부두(浮頭), 불도(佛圖), 포도(蒲圖)등으로 표기하기도 한다. 범어의 붓다(Buddha)에서 유래되었다고도 하고 스투파에서 나왔다고도 한다. 일반적으로 스님들의 사리를 모신 탑을 의미한다.[17]

우리 나라에 불교가 들어온 뒤부터는 화장하여 그 유골을 거두는 불교식 장례제도가 유행하게 되었다. 특히 통일신라 시대에 선종이 크게 일어나 스님들의 지위가 높아져 불탑과 함께 스님의 부도가 많이 건립되게 되었다. 제자와 문도들이 돌아가신 선사를 추모하고 섬기는 극진한 마음에서 입적한 뒤에 온 정성을 다해서 세웠다.

부처님의 진신사리나 부처님을 상징하는 불경과 불상 등 법신사리를 봉안한 불탑은 가람의 중심이 되는 곳에 건립하는 반면에 부도는 사찰 주변의 호젓한 곳에 비(碑)와 함께 조성되었다.[18] 부도는 불탑과 구분되어 단층의 건물 모양을 하고 있으며 고려시대부터는 석등이 함께 조성되기도 하였다.

부도는 기본적으로 팔각 원당형(圓堂型)과 종형(鐘形)의 두 가지 형식으로 구분할 수 있다. 기본 구조는 불탑과 마찬가지로 기

---

17) 월간미술 엮음, 앞의 책, 191쪽 참고.
18) 석청암 역, 앞의 책, 61쪽 참고.

단부, 탑신부, 상륜부의 세 부분으로 이루어져 있는데 상륜부는 불탑보다 간단하게 구성되어 있다.

　부도는 다른 석조물과는 달리 부도에 따라 탑비가 함께 세워져서 부도 주인공의 생애와 행적 등을 기록하도록 되어 있다. 그래서 부도 가까이에는 부도와 함께 많은 비석도 찾아볼 수가 있다. 우리보다 한발 앞서 이 세상에 오셔서 우리가 가고 있는 길을 먼저 밟아 가신 선현들의 자취가 바로 부도와 비이다.

〈부도의 각부 명칭〉
① 상륜부(相輪部) : 부도의 머리부분이다.(보주, 보개, 보륜, 복발, 노반)
② 탑신부(塔身部) : 부도의 중앙(몸) 부분이다.(옥계, 우주, 탑신)
③ 기단부(基壇部) : 부도의 아랫부분이다.(상대석, 중대석, 하대석)
④ 상대석(上臺石) : 기단부의 윗부분이다.
⑤ 중대석(中臺石) : 기단부의 중간부분이다.
⑥ 하대석(下臺石) : 기단부의 아랫부분이다.
⑦ 보주(寶珠) : 상륜부의 제일 윗부분의 보배구슬이다.
⑧ 보개(寶蓋) : 보옥(寶玉)의 덮개이다.
⑨ 보륜(寶輪) : 보석으로 만든 바퀴 모양이다.
⑩ 복발(覆鉢) : 주발을 뒤집어 놓은 형태이다.
⑪ 노반(露盤) : 탑의 층계의 한 부분으로 상륜의 아랫부분에 해당하는 기초부분이다.
⑫ 옥개석(屋蓋石) : 지붕 모양의 돌이다.(집을 덮은 모양)
⑬ 우주(隅柱) : 네 귀퉁이 기둥으로 가운데 기둥보다 약간 길게

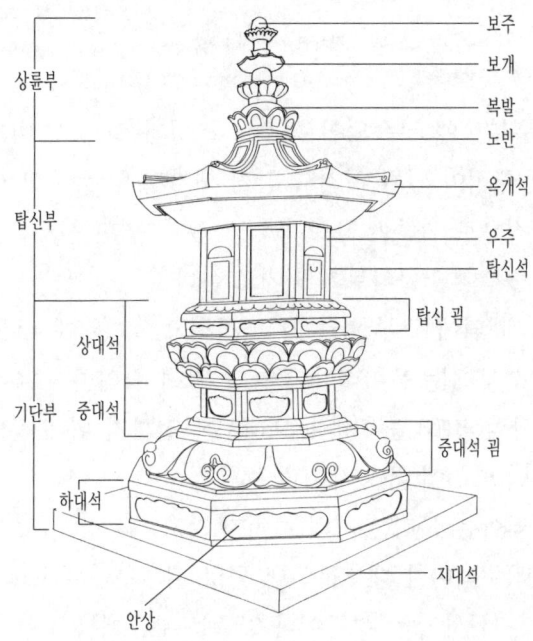

석등 스님들의 사리나 유골을 봉안하는 탑을 말한다.

솟아 올리게 하여 치마 곡선과 조화되며, 시각을 보정한다.

⑭ 탑신석(塔身石) : 탑기단과 상륜사이의 탑의 몸(탑신)을 이루는 돌이다.

⑮ 문비 : 탑신부의 비밀 문이다.

⑯ 탑신굄(塔身) : 탑신부를 괴이는 부분이다.

⑰ 중대석굄(中臺石) : 기단부의 중대석을 괴이는 부분이다.

⑱ 지대석(地臺石) : 땅을 지탱하는 부도의 맨 밑부분이다.

제6절_ 비(碑)

비(碑)는 부도에 부속되어 석조로 조성된 것으로, 비에는 고승의 일평생 행적이 건립 시기와 함께 새겨져 있어서 그 비문의 내용이 역사적으로 귀중한 사료가 되고 있다. 또한 서체는 금석학의 입장에서 중요한 연구자료가 되기도 한다.

탑비는 맨 밑에 구부(龜趺)가 조각되고, 그 위에 비신(碑身)이 세워지며 상부에는 용머리가 구름과 함께 화려하게 조각 장식되어 진다. 사적(事蹟)을 후세에 오래도록 전하기 위해서 나무나 돌 또는 쇠붙이 따위에 글을 새겨 놓는다.[19]

우리 나라에는 목비는 거의 보이지 않고 철비는 간혹 있으며 주로 돌을 만든 석비가 대부분인데 돌로 된 비를 비석(碑石)이라고 한다.[20] 부도가 서 있는 부근이나 일주문 부근에는 많은 비석이 서 있는 것을 흔히 볼 수 있다.

세월이 흐르면 비석에 적힌 글자도 풍화되어 지워지는데 그 글자를 지우는 것은 비바람이 아니라 바로 망각을 잘하는 인간들의 마음일지도 모른다. 비석을 세울 때는 후세의 사람이 거기 적힌 글을 보고 길이 잊지 말라는 뜻에서 세웠는데, 세월이 흐르면 아무도 봐 주는 이도 없이 홀로 쓸쓸히 잡초 속에 묻히고 마는 것이 세상사다.

비의 종류는 비문의 내용에 따라 여러 가지가 있는데 대략 다음과 같이 간추릴 수 있다.

---

19) 동국불교미술인회 역, 앞의 책, 122쪽 참고.
20) 정영호 저, 『국보 7』 웅진출판, 1992, 232쪽 참고.

① 묘비(墓碑) : 묘에 세우는 비로써 죽은 사람의 이름, 가계, 행적 등을 돌에 새긴 것이다.
② 탑비(塔碑) : 스님의 묘비이다.
③ 능묘비(陵墓碑) : 임금의 묘비이다.
④ 신도비(神道碑) : 임금이나 고관의 무덤 앞에 세우는 일종의 묘비이다.
⑤ 사적비(事蹟碑) : 큰 공사나 행사를 하고 기념으로 세우는 비이다.
⑥ 기공비(紀功碑) : 어떤 사람의 공적을 기념해서 세우는 비이다.
⑦ 송덕비(頌德碑) : 어떤 사람의 덕을 숭상해서 세우는 비이다.
⑧ 효자비(孝子碑) : 효자의 공덕을 기념하기 위해 세운 비이다.
⑨ 열녀비(烈女碑) : 열녀를 기념하기 위해 세운 비이다.
⑩ 사비(祠碑) : 충신 열사의 사당에 세워진 비이다.

비석의 풍화작용을 방지하기 위해서 세운 집을 비각(碑閣)이라고 한다. 옛날 비석에 새겨진 글은 모두 한자가 대부분인데 근래에 세운 비에는 한글과 한문을 섞어서 쓴 비문도 있다.

〈비의 각부 명칭〉
① 이수 : 비(碑) 머리 등에 세 마리의 이무기(뿔없는 용)가 여의주를 가운데 놓고 서로 엉켜 있는 모습이다.
② 비신(碑身) : 비문을 새긴 비석의 중심되는 돌이다.
③ 귀부(龜趺) : 거북 모양을 한 비석의 받침돌이다.
④ 비좌(碑座) : 비신(碑身)과 비의 대석과의 연결부분이다.
⑤ 귀갑문(龜甲紋) : 거북의 등껍데기 무늬이다.

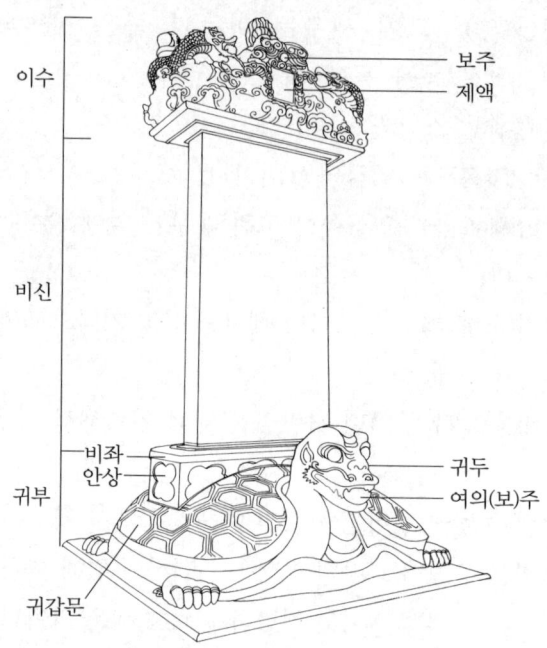

비석 부도에 부속되어 조성되며, 보통 고승의 행적과 건립시기가 새겨져 있다.

⑥ 보주(寶珠) : 맨 꼭대기에 있는 상륜(相輪)의 일부이다.
⑦ 제액(題額) : 편액(扁額)을 쓴 것이다.
⑧ 귀두(龜頭) : 거북 모양의 머리이다.
⑨ 여의보주(如意寶珠) : 여의주(용의 턱 아래에 있다는 구슬)를 보배롭게 일컫는 말이다.

제7절_ 당간지주(幢竿支柱)

당간(幢竿)은 당(幢)을 걸어두는 장대인데 대개 돌이나 쇠로 만들었다.[21] 당이란 본래 사찰의 문전에 걸었던 일종의 깃발과 같은 것으로 법회 등의 의식이 있을 때 당간 꼭대기에 매달던 것이다. 또한 '당간지주'란 당간을 지탱하기 위하여 좌우에 세운 기둥으로 돌로 조성되었다.[22] 당간지주는 통일신라시대부터 각 사찰에서 성대하게 만들어졌던 것으로 추정되지만 천으로 만든 당은 내구성이 없어서 현존하는 것이 없고 간과 그 지주만 남아 있는 것이다.

현존하는 당간의 예로는 '청주 용두사지 철당간'(국보41호), '공주 갑사 철당간'(보물 256호), '금성 석당간'(보물 49호), '담양 석당간'(보물 505호)등이 문화재로 지정되어 있다. 이들 중에서 갑사의 철당간은 통일신라시대의 것으로 추정되고 나머지 3개는 모두 고려시대의 것이다.

〈당간지주의 각부 명칭〉
① 당간지주(幢竿支柱) : 당간을 지탱하기 위하여 당간의 좌·우에 세운 기둥, 즉 지주이다.
② 당간(幢竿) : 당(幢)을 달아주는 장대이다.
③ 당(幢) : 사찰의 문전에 꽂는 기당(旗幢)의 일종이다.
④ 간구(竿溝) : 지주의 맨 윗부분에 가로로 파인 홈이다.
⑤ 간공(竿孔) : 지주에 가로로 뚫린 안쪽 구멍(둥글고 네모진 것

---
21) 동국불교미술인회 역, 앞의 책, 125쪽 참고.
22) 정영호 저, 『국보 7』 235쪽 참고.

이 있다)이다.
⑥ 간대(竿臺) : 두기둥 사이 안쪽 아래에 당간을 설치하기 위한 시설물이다.
⑦ 주좌(柱座) : 당간을 지탱하는 맨 아랫자리이다.
⑧ 원공(圓孔) : 당간을 세우는 구멍이다.
⑨ 기단(基壇) : 터전이 되는 단이다.

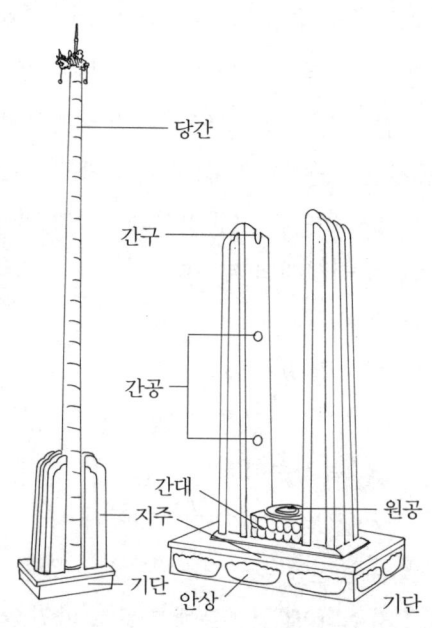

당간지주　당간을 지탱하기 위해서 세우는 기둥이다.

제8절_ 종(鐘)

우리 나라에서 가장 오래된 범종은 상원사종이다. 성덕대왕신종은 그 외형의 아름다움이나 크기, 소리에 있어서 세계 최고의 종으로 찬사를 받고 있다. 종의 구조는 크게 둘로 나눈다. 종을 매달 수 있게 하는 종고리부와 두들겨 소리를 내는 종신부다. 그런데 같은 문화권인 한국, 중국, 일본 등 동북아 3국의 범종들은 모두 종 고리장식으로 용을 이용하고 있다.

한국 범종의 모습은 시대에 따라 신라양식과 고려양식, 조선양식으로 약간씩의 양식변천을 이루고 있다. 신라 종과 고려 종의 양식은 순수한 우리 선조의 창의력에서 이루어진 형식이다.[23] 그러나 숭유억불시대였던 조선조 범종양식은 중국의 영향을 받아 이른바 한·중 혼합양식으로 만들어졌다. 그러나 오늘날에는 다시 신라 종 형식이 한국 종의 절대적인 양식으로 널리 유행하여 조성되고 있다.

한국, 중국, 일본 등 같은 문화권에서 만들어진 종이지만 한국 종에서는 다른 나라에서는 찾아볼 수 없는 독특한 장식으로써 종 고리 부분의 음관(音筒)을 들 수 있다.[24] 즉 중국 종이나 일본 종의 종 고리 양식은 두 마리의 용이 서로 머리를 반대 방향으로 향하고 있는 쌍룡 양식으로 한국 종과 같은 음관은 존재하지 않는다. 그러나 한국 종은 한 마리의 용이 화려하게 장식된 대나무 형상의 원통을 등에 지고 있는 형상을 취하고 있다. 세계적으로 그 유래

---

23) 동국불교미술인회 역, 앞의 책, 114쪽 참고.
24) 편집부 엮음, 『100문 100답 (입문편)』 대원정사, 151쪽 참고.

를 찾을 수 없는 독특한 양식으로 한국 종의 탁월한 창의성을 보여 주는 것이다.

특히 성덕대왕신종은 우리 나라에서 가장 우수한 범종으로 다른 나라에서 그 유례를 찾아보기가 힘들다. 한국 종의 전형적인 양식을 갖추었고 문양이 아름다울 뿐만 아니라 주조기술 역시 뛰어나 8세기 중엽 신라시대 예술의 발달상을 여실히 대변하고 있다. 성덕대왕신종에는 양쪽 비천상 사이 두 곳에 걸쳐 1000자가 넘는 장문의 명문이 양각되어 있다. 신라경덕왕이 부왕인 성덕왕을 위하여 동 12만근을 들여 주조하려다 완성을 보지 못하고 서거하자 다음의 혜공왕이 부왕의 뜻을 이어 혜공왕 7년(771년)에 완성했다고 한다.

〈종의 각부 명칭〉
① 용두(龍頭) : 목을 구부려 아래를 노려보고 있는 모습이며 기능은 종을 걸어 매다는 고리를 형성한다.
② 음통(音筒) : 용두에 붙은 원통형의 모양으로 음향조절을 한다.
③ 용뉴(龍鈕) : 종의 정부(頂部)에 용 한마리로 조각되어 있으며 허리를 구부려 고리를 이루고 있다.
④ 유두(乳頭) : 종유(鐘乳)라고도 하며 유곽안에 유두의 수는 1개의 유곽에 9개씩 전부 36개이다.
⑤ 유곽(乳廓) : 방형곽(方形廓)이라 하며 높이는 종신(鐘身) 높이의 약 1/4이며 네 곳에 배치되어 있다.
⑥ 당좌(撞座) : 일반적으로 종복(鐘服)에 2개의 원형으로 되었으며 문양은 연주문(蓮珠文)이나 당초문(唐草文)으로 조식한다.
⑦ 비천상(飛天像) : 2구가 한쌍으로 천의를 입고 각기 다

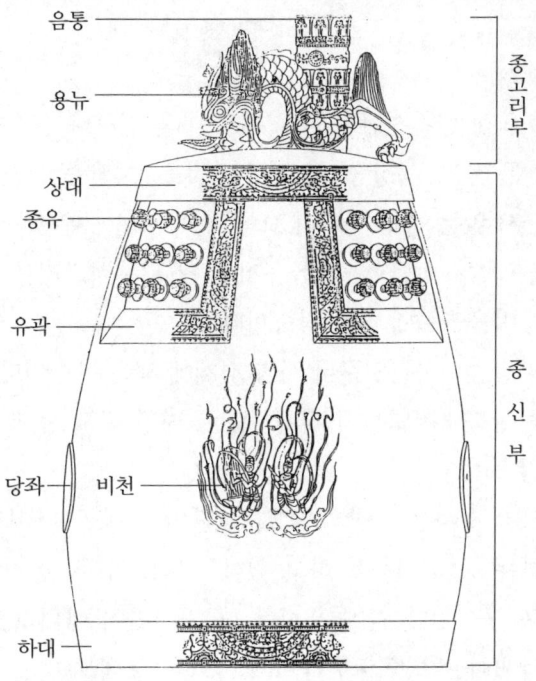

범종 종루에 걸어놓고 당목으로 쳐서 예불이나 대중들을 모을 때 사용한다.

른 악기를 연주하는 모습이다.
⑧ 상대(上臺) : 견대(肩臺)라고도 하며 종신(鐘身)의 상단에 있으며 주된 문양처리는 반원권 문양을 사용한 것이 많다.
⑨ 하대(下臺) : 종신(鐘身)의 하단에 있으며 상대와 같이 반원권 문양을 주된 문양으로 사용하고 이 주문양대 내부에 주악상, 보살상, 연화문, 당초문, 운문 등을 조식하기도 한다.

제9절_ 장승(長丞)

장승은 원래 민간신앙의 한 형태로 마을 입구나 길가에 세웠다. 나무로 만든 것을 '목장승' 돌로 만든 것을 '석장승' 이라[25]고 한다.
장승은 서 있는 장소에 따라 보통 세 가지로 구분한다.
① 마을 장승 : 마을 입구나 동제를 지내는 성스러운 장소에 세워진 마을을 수호하는 장승이다.
② 사찰 장승 : 사찰입구나 사방 경계에 세운 장승이다.
③ 공공 장승 : 지역간의 경계, 성문, 병영 국도 등에 세운 공공의 장승이다.

특히 사찰 장승은 사찰의 보호, 사찰의 경계표시, 이정표, 잡귀를 방어하는 등의 기능을 하고 있다. 그러므로 사찰 장승은 단순한 이정표 구실이나 경계 표시를 하는 것만이 아니라 절에 오는 사람을 악귀와 질병으로부터 보호하고 수호해 주며 소원도 성취해 주므로 신앙의 대상으로도 받아들여진다. 그래서 장승을 함부로 건드리거나 손대지 않는다. 장승의 생김새도 여러 가지가 있으나 대략 다음과 같이 나뉘어진다.
① 사람의 얼굴을 닮은 장승(人面)
② 귀신의 얼굴을 닮은 장승(鬼面)
③ 미륵 보살을 닮은 장승(彌勒面)
④ 남근을 닮은 장승(男根形)
⑤ 문관과 무관을 닮은 장승(文武官面)

---

25) 한국정신문화연구원,『한국민족문화대백과사전 19』웅진출판사, 1995, 234쪽 참고.

소나무나 참나무로 만든 장승들은 모두 삭아서 없어지고, 돌로 만든 장승만이 몇 군데 남아 있을 뿐이다. 승주 선암사의 목장승은 비바람에 너무나 많이 상해서 원형대로 그 모습을 새로 복원했다. 창녕 관룡사 입구의 돌장승은 사찰 장승 중 드물게 쌍으로 서 있는 장승이다.

제10절_ 단청(丹靑)

1) 단청의 개념과 유래

단청이란 본래 여러 가지 색을 써서 건조물을 장엄하거나 또는 공예품 등에 채색하여 의장하는 이른바 서(書), 회(繪), 화(畵)를 총칭하는 것으로 작업과정이나 채색된 상태를 이르는 것이라 할 수 있다.[26]

근래에 와서는 단청이라는 개념이 건축물에 채색하는 일 또는 그 상태를 일컬어 한정하여 쓰여지는 경향이 있으나 고대로 올라갈수록 그 개념은 넓어지며 그 명칭도 각기 다르게 불리워졌다. 즉 단확(丹雘), 단벽(丹碧), 단록(丹綠), 진채(眞彩), 당채(唐彩), 단칠(丹漆) 등으로 불리어졌다. 또한 이러한 단청 일에 종사하는 사람을 일컬어 화사(畵師), 화원(畵員), 화공(畵工), 도채장(塗彩匠) 등이라 하였으며 승려로서 단청 일을 하거나 단청에 능한 사람을 금어(金魚), 화승(畵僧)이라고 부른다.[27]

---

26) 한국정신문화연구원, 『한국민족문화대백과사전 19』 웅진출판사, 1995, 234쪽 참고.
27) 한국정신문화연구원, 『한국민족문화대백과사전 6』 131쪽 참고.

일반적으로 단청이라 하면 건축물에 여러 가지 색채로 그림과 무늬를 그리는 일을 말하며,[28] 본래는 고대에 지배세력이나 나라의 길흉에 관한 의식이나 종교, 신앙적인 의례(儀禮)를 행하는 건물과 의기(儀器) 등을 엄숙하게 꾸며서 일반 기물과 구분하기 위하여 의장하는 데서 비롯되었다고 한다.[29] 그러므로 탑, 신상(神像), 비석, 또는 고분이나 무덤의 벽화, 출토된 부장품(副葬品)에 베풀어진 갖가지 문양 등이 단청의 시초라 할 수 있다.

이러한 장엄 행위는 건축물과 조형 활동의 발전과 더불어 더욱 다양하게 변천되어 왔으며 동양사상에서 말하는 음양오행설에 근거한 청·적·황·백·흑 오채(五彩)의 조화를 추구하며 시대와 사회의 미의식에 순응하여 오늘날의 단청으로 발전되어 온 것이다.[30]

2) 단청의 목적

단청을 하는 목적은 크게 다섯 가지로 볼 수 있다.

첫째, 원시 사회에서부터 내려오는 주술적인 관념 또는 고대 종교적 의식 관념에 의한 색채 이미지를 느끼게 할 수 있다.

둘째 위풍과 장엄을 위한 것으로 궁정이나 법당 등 특수한 건축물을 장엄하여 엄숙한 권위를 나타내는 효과를 얻을 수 있다.

셋째, 건조물이나 기물을 장기간 보존하고자 할 때, 즉 비바람이나 기후의 변화에 대한 내구성과 병풍, 방부, 건습의 방지를 위

---

28) 민중서림 편집국 편, 『엣센스 국어사전』 582쪽 참고.
29) 임영주 저, 『단청』 대원사, 1994, 10쪽 참고.
30) 임영주 저, 앞의 책, 10쪽.

한 목적이 있다.

　넷째, 재질의 조악성을 은폐하기 위한 목적으로 표면에 나타난 흠집 등을 감출 수 있다.

　다섯째, 일반적인 사물과 구별되게 하여 특수기념물의 성격을 나타낼 수 있다.[31]

3) 단청의 종류

　단청의 종류에는 여러 가지가 있으나 일반적으로 여섯 가지로 나눌 수 있다.[32]

(1) 가칠단청(假漆丹靑)

　건축물에 선이나 문양 등을 전혀 도채하지 않고 한 두가지 또는 서너 가지의 색으로 그냥 칠만하여 마무리하는 것을 말하며 주로 사찰의 요사채나 궁, 능의 협문 등에 많이 쓰인다.

(2) 긋기단청

　가칠 단청한 위에 부재의 형태에 따라 먹선과 분선을 나란히 긋기 하는 것을 말하며 경우에 따라 한 두가지 색을 더 사용할 때도 있다.[33] 간혹 부재의 마구리에 간단한 매화점이나 태평화 등의 간단한 문양을 넣는 경우도 있다. 사찰의 요사채나 향교, 서원 부속 건물의 내부 등에 많이 사용된다.

---

31) 편집부 엮음, 앞의 책, 140쪽 참고.
32) 한국정신문화연구원, 『한국민족문화대백과사전 6』 130쪽 참고.
33) 한국정신문화연구원, 『한국민족문화대백과사전 6』 130쪽 참고.

(3) 모로단청

머리단청이라고도 하며 부재의 끝머리 부분에만 비교적 간단한 문양을 넣고 부재의 중간에는 긋기만을 하여 가칠상태로 그냥 두는 것으로 전체적으로 복잡하거나 화려하지 않으며 단아한 느낌을 준다.[34] 주로 사찰의 누각이나 궁궐의 부속건물, 정자 등에 많이 사용된다.

(4) 금모로단청

얼금 단청이라고도 하며 머리초 문양을 모로단청보다 좀더 복잡하게 초안하여 금단청과 거의 같게 한다. 중간 여백은 모로 단청과 같이 그냥 두거나 간단한 문양이나 단색으로 된 기하학적인 문양(금초)을 넣기도 한다.

(5) 금단청(錦丹靑)

비단에 수를 놓듯이 모든 부재에 여백이 없으며, 복잡하고 화려하게 도채한다고 해서 비단 금(錦)자를 사용하여 금단청이라고 한다. 주로 사찰의 법당이나 주요 전각에 많이 사용한다.[35]

(6) 갖은금단청

금단청과 같으나 문양이 더욱 세밀하고 복잡하며 문양 위에 겹쳐서 동식물 또는 비천상 등을 그려 넣는 경우도 있으며 고분법이라 하여 문양을 도드라지게 표현하거나 금박을 사용하여 장엄 효

---

34) 한국정신문화연구원, 『한국민족문화대백과사전 6』 130쪽 참고.
35) 동국불교미술인회 역, 앞의 책, 170쪽 참고.

과를 극대화시키기도 한다. 가장 많은 시간과 경비가 소요되는 법식으로 주로 사찰의 중심이 되는 법당에 많이 사용된다.

이러한 단청의 종류는 각각 그 품격이 다르므로 단청을 할 때에는 대상 건물의 성격과 구조, 주위의 환경 등을 잘 파악하여 그 격에 맞는 단청을 해야할 것이다. 일례로 부속전각이나 요사채에 금단청을 하는 것은 크게 잘못된 것이라 할 수 있다.[36]

4) 단청의 기법

(1) 출초(出草)

단청할 문양의 바탕이 되는 밑그림을 '초'라고 하고 그러한 초를 그리는 작업을 출초 또는 초를 낸다고 한다.[37] 또한 출초를 하는 종이를 초지라고 칭하며 초지는 한지를 두겹이상 세겹정도 배접하여 사용하거나 모면지나 분당지를 사용하기도 한다.

초지를 단청하고자 하는 부재의 모양과 크기가 같게 마름한 다음 그 부재에 맞게 출초를 하는 것이다. 단청에 있어서 가장 중요한 작업이 바로 이 출초이며 이 출초에 따라 단청의 문양과 색조가 결정되는 것이다. 출초는 화원들 중에 가장 실력이 있는 도편수(都邊首)가 맡아 한다.

(2) 머리초 각부 명칭

머리초는 보, 도리, 서까래 따위의 부재 끝부분에만 넣는 가장 주가 되는 단청의 무늬이며, 각부 명칭은 다음과 같다.

---

36) 한국정신문화연구원, 『한국민족문화대백과사전 6』 130쪽 참고.
37) 임영주 저, 앞의 책, 99쪽 참고.

① 묶음 ② 낙은동 ③ 속녹화 ④ 딱지 ⑤ 연화 ⑥ 석류동 ⑦ 항아리 ⑧ 둘레주화 ⑨ 겉곱팽이 ⑩ 번엽 ⑪ 민주점 ⑫ 바탕색 ⑬ 녹실 ⑭ 황실 ⑮ 질림 ⑯ 밑질림 ⑰ 반녹화 ⑱ 인휘 ⑲ 반녹화실 ⑳ 반바탕색이다.[38]

(3) 천초(穿草)

출초한 초지 밑에 융 또는 담요를 반듯하게 깔고 그려진 초의 윤곽과 선을 따라 바늘 같은 것으로 미세한 구멍을 뚫어 침공을 만드는 것을 천초 또는 초뚫기라 하고 초구멍을 낸 것을 초지본(草地本)이라 한다.[39]

(4) 타초(打草)

가칠된 부재에 초지본을 건축물의 부재모양에 맞게 밀착시켜 타분주머니(정분 또는 호분을 넣어서 만든 주머니로 주로 무명을 많이 사용)로 두드리면 뚫어진 침공으로 백분이 들어가 출초된 문양의 윤곽이 백분점선으로 부재에 나타내게 된다.[40]

(5) 채화(彩畵)

부재에 타초된 문양의 윤곽에 따라 지정된 채색을 차례대로 사용하여 문양을 완성시킨다.

---

38) 임영주 저, 앞의 책, 66쪽 참고.
39) 임영주 저, 앞의 책, 103쪽 참고.
40) 임영주 저, 앞의 책, 99쪽 참고.

〈연호(年號)〉

불화를 대하거나 하면 각종의 연호가 기록되어 있다. 참고하기 바란다. 연호는 군주국가에서 군주가 자기의 치세연차(治世年次)에 붙이는 칭호로써 다년호 또는 원호(元號)라고도 한다. 중국에서 처음 만들어져서 한국, 일본 등에서도 사용되었다.

우리나라에서 연호를 제정하여 처음으로 사용한 것은 삼국시대부터이다. 이후 민족 항일기에 일본연호를, 미군정기(1945~1948)에는 서력기원, 대한민국 정부수립 후(1948~1961)에는 법률에 의하여 단군기원, 1961년 이후 지금까지 서력기원을 사용하고 있다.

제 12 장

불교음악과 무용

제1절 불교음악
제2절 불교무용

제 12장

불교음악과 무용

제1절_ 불교음악

 종교는 반드시 의식(儀式)을 수반한다. 불자는 의식을 통해 종교적 욕망을 해결하고 진리에 접근하기 때문이다. 따라서 종교 의식에서 음악이 차지하는 비중은 매우 크다. 종교 음악을 통해 마음의 문을 열고 신앙적 열정과 성취감을 맛볼 수 있기 때문이다.
 불교 음악은 이런 면에서 발전되어 왔으며, 부처님에 대한 신앙의 깊이가 더해 갈수록 다양하게 표출되었다. 음악은 신앙심의 뜨거운 표현과 의식의 진행이라는 두 가지 측면에서 발달하였다. 깨달음의 경지를 소리로 표출하여 점차 체계화되었고, 이것은 다시 교화적(敎化的) 기능을 가지면서 보다 광범위하게 의식화하기 시작한 것이다.[1]

1) 불교음악의 종류
 우리 나라의 불교 음악은 범패승들에 의해 전수되는 의식음악

---

1) 불교교육연합회 편, 『종교(불교)』 대원정사, 1997, 342쪽 참고.

인 범패(梵唄)와 대중 포교를 위해 민속 음악 형태로 널리 불리던 화청(和請) 그리고 현대적 기법에 불교적 내용을 가사로 한 찬불가(讚佛歌)로 나누어진다.[2]

(1) 범패

범패(梵唄)와 어산(魚山)은 같은 뜻으로 쓰이는 말이지만 화청(和請)은 음악적 특징이 다른 말이다. 범패는 일반적으로 크게 두 가지로 나눈다. 그 첫째는 안채비소리이고 둘째는 겉채비소리이다. 또한 겉채비소리에는 짓소리와 홑소리가 있다.[3]

① 안채비소리

오늘날 흔히 어느 사원에서나 들을 수 있는 염불가락인데 요령이나 목탁을 치면서 낭송하듯이 한문(漢文)으로 된 산문(散文)을 큰 굴곡 없이 일정한 형식으로 촘촘히 읽어가는 형식의 소리이다.[4]

이러한 예는 주로 재(齋)를 주관하는 법주(法主)나 병법(秉法)스님이 축원문을 읽을 때 흔히 사용하는 염불이 안채비소리이다.

② 겉채비소리

짓소리와 홑소리로 나누어진다. 우선 짓소리는 홑소리에 비하여 남성적인 기상을 가진 꿋꿋한 긴 소리이며 장엄한 소리이다. 대개 여러 명의 전문적인 범패스님들이 합창으로 부르며 때로는 삼현육각(三絃六角)을 곁들여 부르는데, 이러한 형식을 갖춘 짓소리는 범패 가운데에서 가장 장엄한 소리이다. 이 짓소리는 허둘품

---

2) 불교교육연합회 편, 『종교(불교)』 342쪽 참고.
3) 법현 저, 『영산재 연구』 운주사, 1997, 27쪽 참고.
4) 통도사포교원, 『불교교양교재』 1997, 137쪽 참고.

이라는 독창 부분이 있어서 범패스님들이 서로 목을 쉬게 하는 기능과 아울러 음악을 다양하게 구성하는 기능도 가지고 있으며, 어장(魚丈)이 있어서 손가락이나 입모양으로 지휘를 하기도 한다. 짓소리는 한 옥타브가 훨씬 넘으며 대개 낮은 음으로 시작하여 목을 풀면서 차츰 높은 음으로 이행한다.[5]

홑소리는 대개 한 옥타브 정도의 음역으로 독창하며, 짓소리에 비해 규모가 적고 자비성(慈悲聲)이라고 하는 부드럽고 가벼운 목소리로 부르는 소리다. 짓소리를 부르기 전에 목을 푸는 소리이며, 처음으로 소리를 배우는 사람들이 이 홑소리를 부르게 된다.

결론적으로 짓소리는 홑소리에 비해 선율형도 훨씬 크고 다양하며, 아랫배에 힘을 주어 꿋꿋한 목소리에서 나오는 반탁성(半濁聲)의 우렁차고 엄숙한 소리이다. 그리고 이 짓소리는 인도와 티벳, 몽고, 일본의 범패와도 유사한 것으로 보아 가장 원형에 가까운 범패라고 생각된다.

범패는 보편적으로 재(齋)라고 하는 불교 의식용 음악이다. 오늘날까지 전해져 오는 기본적인 재는 다섯 가지가 있는데, 그 종류를 살펴보면 상주권공재(常住勸供齋), 시왕각배재(十王各拜齋), 예수재(豫修齋), 수륙재(水陸齋), 영산재(靈山齋)등이 있다.[6]

(2) 화청(和請)

화청(和請)은 일반 백성들에게 불교를 널리 전파하기 위하여 우리말로 된 가사를 민요 같은 곡조에 얹어 부르는 불교 가요이다.

---

5) 통도사포교원, 앞의 책, 137쪽 참고.
6) 법현 저, 앞의 책, 30쪽 참고.

불교의 대중화를 위하여 스님들이 부르는 화청은 30여 종이 전해지고 있는데, 많이 불리는 것들은 축원화청(祝願和請), 회심곡(回心曲), 백발가(白髮歌), 왕생가(往生歌) 등이 있다. 이 중 서산대사가 지은 회심곡(回心曲)은 석가여래의 공덕으로 이승에 살다가 죽은 뒤에는 명부(冥府)에서 재판을 받아 선한 사람은 극락으로, 악한 사람은 지옥으로 간다는 내용을 노래로 부른 것으로, 불교의 이치와 인간의 무상함을 쉽게 표현하여 많은 사람들에게 사랑을 받고 있다.[7]

이렇듯 화청은 일상적인 우리말을 가사로 하여 민요와 비슷한 경쾌한 장단과 구성진 가락의 창법(唱法)으로 부르기 때문에 누구나 쉽게 의미를 이해할 수 있었다. 화청의 주된 내용은 주로 불교에의 귀의, 속세의 교훈적인 이야기, 인과응보(因果應報) 등이며,

영산재의 신중작법　불법을 옹호하는 신중을 청해 모시는 의식이다.

---

7) 불교교육연합회 편, 『종교(불교)』 343쪽 참고.

일반 대중에게 친근감을 주는 불교 음악이다.

영산회상(靈山會上)은 '영산회상불보살' 이라는 가사에 관현악(管絃樂) 반주와 성악곡인 범패가 어우러져 대표적인 기악 합주곡으로 발전했다. 이것은 부처님이 영축산에 모인 대중에게 설법해 주신 기쁨을 재현한 곡이다.[8]

(3) 찬불가(讚佛歌)

찬불가는 1920년대 용성스님께서 만든 창가에서 시작되었으며,[9] 청소년 교화를 위해 음악 포교의 필요성을 강조한 운문 스님에 의해 발전하게 되었다. 현재 불교 방송의 시작으로 불교 음악에 대한 관심이 더욱 높아져 점차 발전하고 있는 추세이다. 찬불가는 많은 사찰에서 합창단을 운영하여 널리 보급하고 있으며, 오늘날의 정서를 살리는 불교 음악으로 자리잡고 있다.[10]

이외에도 사찰에서 전통적으로 이루어지는 불교 음악에는 목어·북·종·운판 등 사물(四物)이 주로 사용되고 있으며 퉁소·요령·목탁·바라 등이 보조 역할을 하고 있다.

2) 범패의 음악적 고찰

범패는 부처님의 은혜와 공덕을 찬탄하는 내용으로 되어 있는 성악곡(聲樂曲)이다.[11]

---

8) 불교교육연합회 편, 『종교(불교)』 343-344쪽 참고.
9) 통도사 포교원, 앞의 책, 140쪽 참고.
10) 불교교육연합회 편, 『종교(불교)』 344쪽 참고.
11) 법연 저, 앞의 책, 27-30쪽 참고.

그 가사는 주로 한문으로 되어 있다. 때로는 범어(梵語)인 진언과 우리말로 된 것도 있지만 대부분이 한시(漢詩)의 정형이라고 할 수 있다.12) 오언사구(五言四句)나 칠언사구(七言四句)로 된 정형시가 많고 선율적 특징도 화성(和聲)이 없는 단성선율(單聲旋律)로 된 음악이다.

그리고 범패는 일반적으로 모든 음악에서 가지고 있는 박자가 없는 음악이다. 부르는 사람의 호흡에 맡겨버림으로써 박자 변용을 자유자재로 하도록 한 점 또한 범패의 음악적 특징이라 할 수 있다. 그리고 음악형식은 여러 개의 선율이 모여 이루어지는 조곡(組曲)형식으로 되어 있다.

보편적으로 음악이란 학교 교육을 통하여 배운대로 이해한다면 음악에는 기본적인 세 가지 요소 즉, 가락(멜로디), 장단(박자), 화성(음정)으로 이루어진다. 물론 이러한 이론 자체가 서양식의 발상법이기는 하지만 범패는 이 세 가지 요소 가운데에 가락 즉 멜로디만 있고 장단과 화성이 없다는 점에서 범패는 퍽 특이한 음악이라고 할 수 있다. 화성이 없는 음악은 서양음악의 초기에서도 볼 수 있다. 특히 동양음악의 대부분은 화성이 없는 음악이다. 그러나 장단이 자기 마음대로이거나 박자가 정해져 있지 않은 음악은 동·서양을 막론하고 그 예를 찾기가 쉽지 않다.13)

이러한 음악적 특징은 무질서해 보이지만, 훨씬 즉흥성이 강하고 장소와 때 등의 상황에 따라 같은 음악일지라도 얼마든지 다르게 연주할 수 있다는 점 등 무한한 자유와 변화무궁한 음악을 창

---

12) 편집부 엮음, 『100문 100답 (입문편)』 대원정사, 1998, 127쪽 참고.
13) 통도사포교원, 『불교교양교재』 1997, 138쪽 참고.

출할 수 있는 장점이 있음 또한 이해해야 할 것이다.

제2절_ 불교 무용

불교 무용은 부처님의 사리를 모신 탑을 중심으로 여러 사람이 모여 춤을 추는 탑파 신앙에서 비롯되어, 부처님 말씀에 대한 환희심을 가장 자연스럽게 표출하는 예술로 발전한 것이다.[14]

우리 나라에는 신라 시대의 원효 스님이 표주박을 두드리며 무애가(無碍歌)에 맞추어 무애무(無碍舞)를 추면서 일반 백성을 교화한 기록이 남아 있다. 이 춤이 불교 무용의 효시가 된다.[15]

원효 스님은 불경의 깊은 교리를 배우지 못하는 백성들에게 나무아미타불 염불로 왕생 극락할 수 있음을 알리며, 노래와 춤으로 포교에 힘쓰신 분이다. 무애가의 유래에 대하여 「삼국유사」4권에서는 다음과 같은 기록을 남기고 있다.[16]

"우연히 광대들이 가지고 노는 큰 박을 얻었는데 그 모양이 괴이했다. 이 도구를 가지고 수많은 마을에서 노래하고 춤추면서 교화시키고 돌아오니, 가난한 사람과 몽매한 사람들의 무리로 하여금 모두 부처의 이름을 알게 하고, 나무아미타불을 부르게 하였으니, 원효의 교화야말로 참으로 컸다 할 것이다."

불교 무용은 개인이 추는 춤보다는 여러 사람이 어울려 부처님

---

14) 불교교육연합회 편, 『종교(불교) 상』 대원정사, 1993, 105쪽 참고.
15) 불교교육연합회 편, 『종교(불교) 상』 106쪽 참조.
16) 불교교육연합회 편, 『종교(불교)』 345쪽 참조.

승무 스님이 추는 춤으로 나비춤·바라춤·법고춤으로 나누어진다.

이나 보살에게 기원하는 형식의 의식 무용이 주가 된다. 주로 범패와 여러 가지 악기의 반주에 맞추어 진행되는 의식 무용은 사람의 감정을 가장 진실하게 표현하는 예술이라고 할 수 있다.[17]

승무는 스님이 추는 춤이라 하여 '승무' 또는 '중춤'이라 불려 왔다. 승무는 불가에서 의식 무용으로 행해지는 전통 무용과 이에 영향을 받은 일반 무용 즉 속인이 승복을 입고 추는 민속 무용으로 나눌 수 있다. 학계에서는 전통불교의식의 무용을 의식무(儀式舞) 또는 작법무(作法舞)라 칭한다.

전통불교의식인 이 작법무의 기원은 석존께서 영취산에서 『법화경』을 설하실 때 하늘에서 4색의 꽃을 뿌리니 카샤파 존자가 이를 알아차리고 빙긋이 웃으며 춤을 추었는데, 후세에 다른 제자들

---

17) 불교교육연합회 편, 『종교(불교)』 345-346쪽 참고.

이 이를 모방함으로써 승무가 생겨났다는 기록과 중국 위나라와 조자건(曺子建)이 하루는 천태산에 올라갔는데 범천(梵天)에서 오묘한 음악소리가 나자 때마침 연못 속에서 놀던 고기떼가 이 소리에 맞추어 춤을 추므로 이 소리를 본받아 범패를 짓고 고기떼의 노는 모습을 기억하여 승무를 만들었다고 한다.

승무는 나비춤·바라춤·법고춤으로 나누어진다. 대개 작법무라 하면 나비춤을 말하고, 추는 사람의 수에 따라 혼자 추는 향나비춤, 둘이 엇도는 쌍나비춤, 다섯이 어울려 추는 오행나비춤이 있다.

바라춤은 '바라'라고 하는 서양 악기의 심벌즈같이 생긴 기구를 들고 춤을 춘다하여 붙여진 이름이다. 이 바라춤은 악귀를 물리쳐서 도량을 깨끗이 하고 아울러 마음도 정화한다는 뜻으로 추어진다.

법고춤은 북(法鼓)을 두드리며 춤을 추므로 붙여진 이름인데, 이 춤은 수행과 정진을 독려할 때나 아침·저녁 예불시에 추게 된다. 큰 사찰의 법고 앞에서 이른 새벽이나 황혼이 질 저녁에, 미망(迷妄)에 잠긴 중생의 번뇌를 덜어주고자 북을 두드리는 것이 법고춤이다.

이러한 의식 춤은 오늘날에는 수륙재(水陸齋), 예수재(豫修齋), 방생법회, 기원법회 등에서 많이 행해지고 있어 그 전통을 잇고 있다. 이상의 불교 의식에 있어 특히 범패와 의식 무용은 불교적 종교 감정을 불러일으키게 한다는 데서 그 참뜻을 새겨 볼 수 있다.[18]

---

18) 불교교육연합회, 『종교(불교)』 346쪽 참고.

제13장
재가불자 실천윤리

제1절 불교와 윤리
제2절 가정 윤리
제3절 사회 윤리
제4절 경제 윤리

제13장

재가불자 실천윤리

제1절_ 불교와 윤리

　현대 사회는 인구가 폭발적으로 증가하고 있으며, 고도로 발달된 문명의 혜택을 누리고 있다. 사람들은 개인주의 성향이 짙어지고 물질적 풍요를 추구하는 산업 사회를 최우선 목표로 삼는다. 그러나 아무리 물질적 문명이 발달된 시대라 할지라도 인간과 인간 사이에는 지켜야 할 기본 도리가 있다.

　불교는 이러한 인간과 사회의 현실을 대상으로 하여, 올바른 사회와 바람직한 인간적 삶을 가르치고 있다. 개인에 대한 가르침이 인간의 개인 윤리이며, 인간 상호간의 관계에 대한 가르침이 사회 윤리이다. 경제적인 가치기준을 말씀해 놓은 것이 경제 윤리다. 따라서 인간과 사회가 밝고 아름답게 가꾸어지는 세계가 바로 불교의 이상인 정토(淨土)이다.

1) 오계(五戒)
　불교는 세속을 떠난 종교라고 생각하고, 인간의 윤리에 관한 가르침이 적다고 잘못 이해하는 경우가 있다. 그러나 불교처럼 윤리에 대하여 구체적으로 말하고 있는 종교도 없다.

불교에서 제시하고 있는 대표적인 윤리에는 오계(五戒)가 있다.

① 산 목숨을 죽이지 말라.(不殺生)
② 남의 것을 훔치지 말라.(不偸盜)
③ 간음하지 말라.(不邪淫)
④ 거짓말을 하지 말라.(不忘語)
⑤ 술을 마시지 말라.(不飮酒)

이와 같은 불교 윤리는 연기법(緣起法)에 근거하고 있다. "연기(緣起)를 보는 자는 법(法)을 보고, 법을 보는 자는 연기를 본다"는 『중아함경(中阿含經)』의 가르침처럼, 연기법은 불교의 가장 근본적인 사상이다. 연기법이란 이 세상의 모든 사물과 존재는 독립적인 자기 실체(自性)가 없으며 상호 의존 관계 속에서 생멸(生滅)해 가는 일시적 현상에 불과하다는 사상이다.[1]

사람들은 각기 혼자서 세상을 살아가는 존재가 아니다. 이웃과 더불어 화합하면서 삶을 살아가는 사회적 존재이다. 따라서 불교에서 말하는 오계는 가장 기본적인 인간들의 윤리인 것이다.

2) 팔재계(八齋戒)

불교교단에는 포살(布薩, uposatha)이라는 의례가 있는데, 보름과 그믐날 비구들이 한곳에 모여 계율의 각 조항을 소리내어 읽고 15일 동안 범한 죄를 참회하는 것이다.[2]

이 포살일에 재가 불자는 5계(五戒)에 3계(三戒, ① 때아닌 때

---

1) 불교교육연합회 편, 『종교(불교)』, 대원정사, 1993, 82쪽 참고.
2) 불교교재편찬위원회, 『불교사상의 이해』, 동국대학교불교문화대, 1998, 317쪽 참고.

식사를 하지 말라 ② 지나치게 화려한 화환을 하거나 향수를 사용하지 말라 ③ 사치스러운 침상을 사용하지 말라)를 더하여 8계(八戒)를 지키고 설법을 듣고 대중공양을 하면서 하루를 보낸다.[3]

3) 십선계(十善戒)

중요한 불교 윤리의 하나로 십선계를 들 수가 있다.

십선계는 신체에 의한 행위(身業), 언어에 의한 행위(口業), 마음에 의한 행위(意業)의 3가지로 나누어지며 다음과 같다.

① 살생하지 않는다. (不殺生)
② 도둑질하지 않는다. (不偸盜)
③ 사음하지 않는다. (不邪淫) 〈이상은 신체에 의한 신업(身業)〉
④ 거짓말하지 않는다. (不忘語)
⑤ 이간질하지 않는다. (不兩舌)
⑥ 욕설하지 않는다. (不惡口)
⑦ 아첨하지 않는다. (不綺語) 〈이상은 언어에 의한 구업(口業)〉
⑧ 탐내지 않는다. (不貪慾)
⑨ 성내지 않는다. (不瞋恚)
⑩ 어리석지 않는다. (不暗) 〈이상은 마음에 의한 의업(意業)〉

이와 같이 불교 윤리는 일반적인 행위에 대하여 신체에 의한 신업, 언어에 의한 구업, 생각에 의한 의업으로 나누고 있으며, 이 가운데 마음으로 짓는 의업을 가장 중시하고 있다. 이러한 부처님의 가르침은 모든 인류의 공통된 선(善)을 추구하는 정도(正道)인 것이다.

---

3) 사다티사 저, 조용길 편역, 『근본불교윤리』 불광출판부, 1997, 147쪽 참고.

4) 칠불통계(七佛通誡)

과거불 선정인을 하고 있는 일곱분의 좌불상은 과거 칠불을 나타내고 있다./엘로라

불교의 윤리는 해탈의 경지에 이르게 한다. 즉, 세속적인 차별의 구속에서 벗어나 지극히 자유로운 해탈을 이룩함으로써 이기주의적인 불길이 완전히 꺼진 열반(涅槃)의 경지에 이르게 된다. 이 경지는 모든 번뇌를 여읜 깨끗한 마음 상태이므로 선악과 같은 차별이 아니고 자비에 입각한 꾸준한 수행에 의해서만 도달할 수 있다.[4] 그래서 부처님은 다음과 같이 말하고 있다.

모든 악을 짓지 않으며, 뭇 선을 받들어 실천하며
스스로 자신의 마음을 청정하게 하는 일,
이것이 부처님의 가르침이다.
(諸惡莫作 衆善奉行 自淨其意 是諸佛教)

이것은 초기 경전인 『법구경』의 제183게(偈)를 비롯하여 여러 경전에 보이는 경구로서 칠불통계게(七佛通誡偈)로 부르고 있다. 칠불이란 석가모니 부처님이 이 세상에 출현하기 전의 여섯 부처님을 합하여 부르는 말로써, 이 일곱 부처님에 의하여 공통으로

---

4) 불교교육연합회 편, 『종교(불교) 하』 대원정사, 1993, 83쪽 참고.

강조된 말씀이란 뜻이다.[5]

부처님의 이 가르침에 의해 청정한 마음을 가진 불자와 더러운 생각과 감정이 사라진 불자는 열반과 해탈의 경지에 도달하게 된다.

제2절_ 가정 윤리

1) 부모와 자녀간의 윤리

부처님 당시 인도 사회는 카스트제도를 기반으로 한 부계(父系) 혈통 중심의 가부장적인 사회였다. 그러나 부처님은 가장인 부(父)에 대한 의무나 복종을 설하는 것보다는 부모에 대한 존경과 부양(扶養)을 자의(自意)적으로 실천할 것을 강조한다.[6]

(1) 자식의 도리(道理)

부모에 대해 자식이 지켜야 할 덕목으로 『선생경(善生經, 싱갈라에 대한 교훈(Siṅgalovāda-suttanta))』에 따르면 다음과 같이 나타나 있다.

① 부모님이 우리를 길러 주셨으니 우리는 부모님을 받들어 모시겠다.
② 부모님을 위해 해야 할 일을 하겠다.
③ 가계(家系)를 존속시키겠다.
④ 재산을 상속받겠다.

---

5) 불교교재편찬위원회, 앞의 책, 302쪽 참고.
6) 불교교재편찬위원회, 앞에 책, 319쪽 참고.

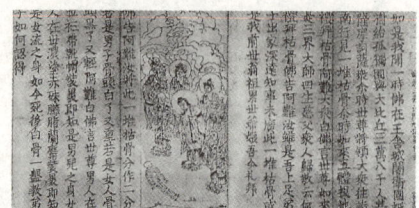
과거불 선정인을 하고 있는 일곱분의 좌불상은 과거 칠불을 나타내고 있다./엘로라

⑤ 조상에 대하여 적당한 때마다 공물(供物)을 올리겠다.[7]

특히 조상에게 공양하여야 한다는 윤리는 조상숭배의 정신과 잘 결부되어 지금도 불교 의례(儀禮)의 중요한 부분을 차지하고 있다. 조상에게까지 이어지는 부모에 대한 윤리적 행위는 부모로부터 받은 은혜가 바탕이 된다. 결국 불교의 효도는 보은의 정신이다.[8]

(2) 부모의 도리(道理)

부모가 자식에 대해 가져야 할 덕목은 『선생경(善生經)』에 의하면 다음과 같다.

① 자식을 보살펴 악행에 빠지지 않게 한다.
② 바른 것을 가르쳐 주고 모범을 보인다.
③ 기능(技能)을 배우게 한다.
④ 자식을 위해 좋은 배우자를 구해준다.
⑤ 적당한 시기에 재산을 상속시켜 준다.[9]

부모는 미성숙한 자녀에 대하여 도덕·학문·종교 등에 대해 계도(啓導)의 책임이 있으며, 아울러 혼인과 경제적 뒷받침을 주

---

7) 동국역경원, 『한글대장경 1권』 1995, 267쪽 참고.
8) 불교교재편찬위원회, 앞의 책, 319쪽 참고.
9) 동국역경원, 앞의 책, 267쪽 참고.

선하여 가정을 이루도록 해 주어야 할 책임이 있다는 것이다. 따라서 자녀는 자유 방임되어야 할 존재가 아니며 자녀에 대한 훈육의 책임은 일차적으로 부모에게 있다는 것이다.[10]

(3) 효행의 말씀

만일 인간이 부모에게 효도하지 않고, 진실하지 않으며, 복을 짓지 않고 죄를 두려워하지 않으면 그는 이 인연으로 목숨이 끝난 뒤에는 지옥에 나게 된다.『중아함경』

효에는 세 가지가 있다. 첫째, 의식(衣食)을 제공함은 하품(下品)의 효(孝)요, 둘째 어버이의 마음을 기쁘게 함은 중품(中品)의 효(孝)며, 셋째 부모님의 공덕을 여러 부처님과 이웃에게 회향함은 상품(上品)의 효(孝)라 한다.『아함경』

아버지에게는 자은(慈恩)이 있고, 어머니에게는 비은(悲恩)이 있다.

아버지가 없다면 태어날 수 없고, 어머니가 없다면 성장할 수 없다. 즉 생명은 아버지의 혈통으로부터 받고 육체는 어머니의 태에서 받는 것이다. 물질적인 공양만 하고 삼보를 믿게 하지 못하면 아직도 불효를 하고 있는 것이다.『부모은중경』[11]

2) 부부간의 윤리
(1) 남편의 도리

부처님은『선생경(善生經)』에서 남편이 아내에게 지켜야 할 도

---

10) 불교교재편찬위원회, 앞의 책, 320쪽 참고.
11) 우학스님 저,『새로운 불교공부』좋은인연, 1998, 229-230쪽 참고.

리에 대하여 다음과 같이 가르치고 있다.
① 바른 마음으로 존경하고 사랑해야 한다.
② 경멸하지 않아야 한다.
③ 도리에 벗어나지 않아야 한다.
④ 의식주 걱정을 없애 주어야 한다.
⑤ 때를 맞추어 장신구를 사주어야 한다.[12]

여기서 아내를 존경해야 한다는 것이다. 인류사회는 지금까지 여성을 남성보다 열등하게 생각해 온 것이 사실이다. 그러나 부처님은 남편도 아내에게 예절과 존경으로 대하라고 가르치고 있다. 또한 아내에게 경멸하지 말라는 것도 예의를 지키라는 가르침이다. 특이한 것은 아내에게 장신구를 사주라는 대목이다. 이것은 부처님이 여자들의 심성과 기호에 대해 배려를 하고 있다는 것이다.[13]

(2) 아내의 도리

아내가 남편에 대해 가져야 할 덕목에 대해 부처님은 『선생경(善生經)』에서 다음과 같이 말씀하고 있다.
① 일을 잘해야 한다.
② 일가 친척들을 잘 대우한다.
③ 도에 벗어나는 일은 하지 않는다.
④ 모은 재산을 잘 관리한다.
⑤ 할 일을 솜씨 있게 처리하며 또한 근면해야 한다.[14]

---

12) 동국역경원, 앞의 책, 267쪽 참고.
13) 김혜법 저, 『불교의 바른 이해』 우리출판사, 1988, 110-111쪽 참고.
14) 동국역경원, 앞의 책, 267-268쪽 참고.

부처님은 이같은 아내의 도리 외에 『옥야경(玉耶經)』에서 아내의 모습을 일곱 가지로 구분하였다. 즉 남편을 사랑하는 자애로운 어머니 같은 아내(母婦), 남편 섬기기를 오라비 섬기듯 하는 동생 같은 아내(妹婦), 남편을 친구처럼 대하는 아내(知識婦), 하녀가 상전을 섬기듯 하는 아내(婢婦), 가정에 평화를 가져오는 아내 같은 아내(婦婦) 등이다. 이에 비해 부끄러움을 모르고 친척들과 항상 다투며 집안 일을 잘 꾸려가지 않는 원수 같은 아내(怨家婦), 밤낮 성난 마음으로 남편을 대하며, 마침내 강도와 다름없이 목숨을 뺏어 가는 아내(奪命婦)도 있다고 했다.[15]

이러한 가르침은 불자들의 원만한 가정생활을 위한 부처님의 세심한 배려이다.

제3절_ 사회 윤리

불교에서는 사회를 출가 수행자로 구성되어 있는 출세간적 사회와 일반 세속의 세간적 사회로 구분하는 경우가 많다.

부처님은 해탈의 목적을 달성하는 방법으로 출가생활을 권장하면서도 한편 세속적인 생활도 이를 인정·존중하여 세간적 재가 사회의 생활을 종교적, 윤리적으로 정화하는 데 대한 교훈도 꾸준히 설하고 있음을 볼 수 있다.

불교의 사회 윤리는 은(恩)을 바탕으로 하고 있기에, 그것은 절대적인 상하 종속의 관계가 아니라 평등한 상호 화합의 관계라 할

---

15) 김혜법 저, 앞의 책, 112쪽 참고.

수 있다.

1) 스승과 제자
(1) 제자의 도리
스승과 제자의 관계는 매우 중요한 것이다. 『육방예경(六方禮經)』에 의하면 제자가 스승을 섬기는 도리는 다섯 가지 법이 있다.
① 스승을 공경하고 높이 받들어야 한다.
② 스승의 은혜를 생각해야 한다.
③ 스승의 가르침을 열심히 배워야 한다.
④ 스승을 사모하고 존경하기를 싫어해서는 안 된다.
⑤ 스승의 뒤를 따르고 명예를 드날린다.[16]

(2) 스승의 도리
불교의 이상적인 스승상은 바른 길로 인도하는 사람이다. 『선생경(善生經)』에 보면 스승은 제자를 바른 길로 인도하기 위해 다음과 같은 자세를 갖추어야 한다.
① 진리에 의지하여 가르친다.
② 제자가 모르는 것을 가르쳐 준다.
③ 질문한 것을 잘 이해하게 한다.
④ 좋은 벗을 사귀게 한다.
⑤ 가르침에 인색하지 말아야 한다.[17]
제자가 스승으로부터 가르침을 받고서 그것을 다만 받아 지니

---

16) 사다티사 저, 조용길 편역, 앞의 책, 193쪽 참고.
17) 김혜법 저, 앞의 책, 115쪽 참고.

고 있어서는 안 된다. 스승으로부터 받은 가르침을 바탕으로 해서 그것을 발전시켜 스승을 능가해서 국가나 사회에 꼭 필요한 사람이 되어야 한다.[18]

2) 친구간의 도리

선지식(善知識)이란 불교용어는 원래 좋은 벗을 뜻하는 말이었다. 이 말은 나중에 의미가 변하여 훌륭한 스승을 가리키는 말이 되었다.

『육방예경(六方禮經)』에 의하면 친구에는 네 가지 종류가 있다.
① 꽃과 같은 친구이다.
② 저울 같은 친구이다.
③ 산과 같은 친구이다.
④ 땅과 같은 친구이다.

좋은 친구는 산과 같고 땅과 같은 친구다. 이런 친구가 되기 위한 조건에 대하여 부처님은 『육방예경(六方禮經)』에서 말하고 있다.
① 사물에 집착하지 않고 온순해야 한다.
② 친구에게 바른말을 하며, 남의 칭찬을 한다.
③ 친구가 질병이나 권력 앞에서 두려워 할 때 용기를 준다.
④ 가난하더라도 버리지 않고 항상 친구를 위하여 이익 되게 한다.
⑤ 친구가 죽으면 장례를 치뤄 주고 그 집안 사람을 보살펴 준다.[19]

세상의 시비를 보면 친구사이의 시비이다. 남보다 내가 먼저 좋은 친구가 되겠다고 마음먹고 실천하면 모두가 좋은 친구가 될 수

---

18) 中村元著, 揚貞圭譯, 『佛敎本質』 경서원, 1995, 233쪽 참고.
19) 사다티사 저, 조용길 편역, 앞의 책, 188쪽 참고.

있다.[20]

3) 사용자와 고용자

부처님이 생존했던 시대에는 노예경제시대로 사회구조가 오늘날처럼 복잡하지 않았다. 따라서 노사갈등이 사회적 문제로 되었던 적은 없었다. 하지만 부처님은 인권존중의 측면에서 주인과 하인의 윤리관계를 제시함으로써, 현대사회의 노사관계문제 해결을 위한 하나의 도덕적 틀을 제시하고 있다.

(1) 사용자의 도리

『선생경(善生經)』에서 부처님은 사용자는 다음과 같은 책임을 져야 한다고 했다.
① 능력에 따라 일을 시킨다.
② 때에 따라 먹을 것을 준다.
③ 수고로움을 위로해 준다.
④ 병이 났을 때 약을 준다.
⑤ 휴가를 준다[21]

사용자의 이 같은 윤리는 그야말로 고용자들을 가족처럼 생각하는 마음이 아니고서는 안 된다. 무엇보다 고용자가 생산의 주체이고 사용자의 부(富)를 축적시켜주는 고마운 존재라는 인식을 가져야 한다.

---

20) 김혜법 저, 앞의 책, 117쪽 참고.
21) 사다티사 저, 조용길 편역, 앞의 책, 195쪽 참고.

(2) 고용자의 도리

『선생경(善生經)』에서는 고용자가 지켜야 할 다섯가지 도리는 다음과 같다.

① 일찍 일어나서 주인이 깨우지 않도록 한다.
② 자기가 할 일은 스스로 찾아서 한다.
③ 물건을 사랑하고 아끼며 도둑에게 빼앗기지 않도록 해야 한다.
④ 사용자에게 공손히 대한다.
⑤ 주인의 나쁜 점을 말하지 않는다.[22]

이렇게 재(財)와 부(富)는 재가자에게 인정되고 장려되었지만 불교의 근본 뜻은 결코 물질에 있는 것은 아니다. 부처님의 뜻은 재화의 추구보다 해탈에 있는 것이다. 그러나 불교는 '중도주의(中道主義)'이기 때문에 재나 부 같은 물질적 복지를 결코 적대시하거나 부정하지 않는다. 해탈의 길을 가로막는 것은 부가 아니라 부에 대한 집착이요, 갈망이다. 이러한 의미에서 불교의 경제 윤리는 바르게 이해되어야 한다.

제4절_ 경제 윤리

우리가 살아가고 있는 현대사회는 자본주의 사회이다. 특히 현대는 윤리보다 경제의 논리가 앞선 시대이다. 이 절에서 경제와 관련한 경전의 내용을 중심으로 보다 자세하게 예를 들어 소개하고자 한다.

---

22) 사다티사 저, 조용길 편역, 앞의 책, 195쪽 참고.

1) 금욕의 정신

경전 속에 경제윤리라고 할 수 있는 것이 있는가 하고 생각하기 쉽다. 그러나 경제행위에 관한 윤리적 평가 내지 반성이라고 할 수 있는 것이 많이 서술되어 있다. 무소유정신은 출가수행자들을 위한 가르침이고 재가불자에 대해서는 도리어 적극적으로 부를 축적하라고 가르치고 있다. 재물의 축적을 인생의 바람직한 목적으로 생각하고 있다.[23]

"만약 사람이 적당한 곳에 살면서 고귀한 사람에게 친히 봉사하고 바른 회향을 가지고 미리 선을 행한다면, 곡물과 재보와 명성과 안락이 그의 곁으로 모인다" 『증지부(增支部)』

어떤 경우에는 상인을 예로 들어 재물의 축적을 칭찬하고 있다.

"가게 주인이 오전에 열심히 업무에 힘쓰고, 오후에도 열심히 업무에 힘쓴다고 하자. 이러한 조건을 구비하고 있는 가게주인은 아직 얻지 못한 재물을 얻고 또한 이미 얻은 재화를 증식하게 될 것이다" 『증지부(增支部)』

구체적인 정신적 태도로써 나태, 사치, 향락에 젖은 것을 피하고 재화의 소비를 경계하고 있다. 즉 방종한 생활과 어지러운 생활을 질타하고 있다.

"① 해가 솟은 뒤에도 잠자리에 누워 있고 ② 타인의 처를 예사로 가까이 하고 ③ 투쟁에 열중하고 ④ 무익한 일에 열중하고 ⑤ 나쁜 벗과 사귀고 ⑥ 인색하고 욕심이 많은 것이다. 이들 여섯 가지는 사람을 파멸로 이끈다." 『선생경(善生經)』

"① 골패와 여자와 술 ② 노래와 춤 ③ 대낮의 수면 ④ 아무 때나

---

23) 中村元 著, 앞의 책, 237쪽 참고.

거리를 돌아다니는 것 ⑤ 나쁜 것과 사귀고 ⑥ 인색하고 욕심 많은 것이다. 이들 여섯 가지는 사람을 파멸에 이르게 한다"고 하여 직무에 관한 정직·근면의 덕을 강조하고 나태에 빠지는 것을 경계하고 있다. 『선생경(善生經)』

그 외에 재물을 흩어지게 하는 집안으로 경전에서 그 이유를 자세하게 설명하고 있다.

"아무 때나 길거리를 돌아다니는데 열중하면 다음과 같은 여섯 가지의 과오가 생긴다. ① 그 자신도 보호할 수 없고 ② 그의 자식과 아내도 보호할 수 없고 ③ 그의 재산도 보호할 수 없다. ④ 또한 나쁜 일에 관련되어 의심받으며 ⑤ 좋지 않은 소문이 나며, ⑥ 많은 귀찮은 일들에 둘러싸이게 된다."[24]

2) 중도(中道)의 정신

재산을 모은다는 것은 단지 의욕만으로 되는 것은 아니다. 각자의 직업에 대한 훈련과 지식의 습득이 필요하며, 그것을 경과하지 않으면 안 된다. "처음에는 기술을 배우고, 후에 재물을 구하라." "업무를 게을리 하는 것이 자체가 악덕이다"라고 하였다. 해가 솟아오른 뒤에도 잠자리에 누워있는 사람을 비난하고 있다.[25]

중도사상에 따라 수입과 지출이 균형을 이루도록 생활수준을 유지하라고 했다. "상인이나 점원은 저울을 들고 '이쯤이면 밑으로 기울고, 이쯤이면 위로 기운다'는 것을 안다. 그와 마찬가지로, 좋은 가문의 사람은 재화와 수입과 지출을 알아서 생활을 한다. 즉,

---

24) 中村元著, 앞의 책, 239쪽 참고.
25) 中村元著, 앞의 책, 240쪽 참고.

너무나 사치에 빠지지 않고 너무나 궁핍에 떨어지지 않고……"26)

　가장(家長)되는 사람은 근면하게 생업에 종사하면서, 이와 같은 금욕적 정려에 의하여 이윽고 재물을 축적할 것을 권장하고 있다.

　"계율을 지키는 현자는 산꼭대기에서 타오르는 불처럼 빛이 난다. 꿀벌이 꿀을 모으듯이 일을 하면 그의 재산은 저절로 쌓인다. 마치 개미 둑이 높아지는 것과 같다. 이렇게 재물을 모음으로써 그는 가족을 위하여 이익을 가져다주는 가장이 된다. 그의 재산을 넷으로 나누어라. 그렇게 하면 정말로 친구를 결속시킬 것이다. 재산의 4분의 1은 스스로 향수하라. 또한 나머지 4분의 1을 저축하라. 그것은 궁핍에 대한 준비가 될 것이다."

　결국 전체의 4분의 3을 어떠한 뜻에서건 자본으로서 생산을 위하여 회전해야 하고, 그것이 가장으로서의 도리라고 말하고 있다. 불교는 영리 추구를 오히려 적극적으로 권하고 있다.27)

　또한 어떤 경우에는 수입을 4등분해서 4분의 1을 음식에 쓰고, 4분의1은 전업에 돌리고, 4분의 1을 저축해서 만일의 경우에 대비하고, 4분의 1을 '경작자와 상인에게 주어 이자를 얻어라'고 했다.

3) 회향의 정신

　노력해서 부(富)를 얻어도 자기 혼자 독점해서는 안 된다. 재물을 모은다는 것은 결국 그것을 다른 사람들에게 베풀어주는 것을 목표로 하는 것이다. 즉 보시(布施)의 정신을 강조한다.

　"법으로 모으고 근면으로써 부를 얻었을 때, 음식을 나누어줌으

---

26) 中村元著, 앞의 책, 241쪽 참고.
27) 中村元著, 앞의 책, 241-242쪽 참고.

로써 얻어먹는 자들을 정말로 기쁘게 할 수 있다"『여시어(如是語)』

"엄청난 부가 있고, 황금이 있고, 음식이 있는 사람이 단지 혼자 맛있는 것을 먹으면 이것은 파멸에 이르는 문이다."『제경요집(諸經要集)』

결국 불교는 부를 얻어서 단지 쌓아두는 것만으로는 아무런 의미가 없다. 자기도 쓰고 남도 쓰게 해서 유효하게 이용하지 않으면 안 된다. 보시하게 되면 자기에 관해서나 타인에 관해서는 커다란 과보가 있다고 본다.[28]

물론 타인에 대한 보시를 강조한다고 해서 무조건 주라고 하는 것은 아니다. 여기서는 무턱대고 사람들에게 물건을 주어서는 안 된다. 아무에게나 물건을 준다는 것은 누구에게도 물건을 안 주는 것과 같이 되어 버린다. 폭력을 쓴다던가 위협을 해서 물건을 빼앗으려고 하는 사람에게 물건을 주어서는 안 된다. 협박에 굴복해서는 안 된다. 즉, 보시한다는 것은 반드시 여유가 있는 사람, 부유한 사람만이 하는 것은 아니다. 그것은 한 마디로 각자의 마음가짐에 달린 것이다.[29]

"광야를 여행할 때의 길동무같이, 가난한 가운데에서 나눠주는 사람들은 죽어 가는 사람들 사이에 있어서도 멸하지 않는다. 이것은 영원의 법이다."「상응부(相應部)」

부의 축적을 주장하면서도 한편으로는 그 부를 만인이 향수할 수 있도록 말한다.

---

28) 中村元著, 앞의 책, 244쪽 참고.
29) 中村元著, 앞의 책, 244-245쪽 참고.

제14장
종교란 무엇인가

제1절 종교에 대한 이해
제2절 종교의 어원
제3절 철학
제4절 세계의 여러 종교
제5절 세계의 사상가
제6절 불교와 다종교 사회
제7절 절대신・하느님・우상등에 대한 제언

제14장

종교란 무엇인가

제1절 _ 종교에 대한 이해

　인류의 역사가 시작된 이래 이 세상에는 수많은 종교가 발생해서, 인간이 자신의 삶을 이해하고 바른 가치관을 형성하는데 많은 영향을 미쳤다. 이렇게 종교가 발생하게 된 까닭은, 종교를 통해 확고한 신념을 얻어서 안정된 마음을 찾고, 영원한 것에 의지해서 내생의 안락을 구하고, 눈앞에 닥친 어려움을 해결해서 소망이 이루어지기를 바라며, 깊은 철학과 높은 도덕을 갖출 수 있기 때문이다. 종교는 이러한 인간의 염원을 위하여 나타난 것이다. 따라서 인간은 종교를 통하여 현실 속에서 원대한 이상을 구현하려고 노력한다.[1]

　그러나 타에 의해서 마음의 안정을 찾는다는 것은 자칫하면 함정이나 더 깊은 방황의 늪에 빠지기 쉽다. 자기 속에 묻혀 있는 진실한 자기를 발견하여 진실한 나로서의 생활을 하는 종교를 갖는

---

1) 불교교육연합회,『종교(불교)상』대원정사, 1993, 7쪽 ; 조계종포교원 편저,『불교교리』조계종출판사, 1998, 19쪽 참고.

것이 바람직하다고 생각한다.

종교의 기능은 대체로 상징적, 실천적, 조직적이라는 세 가지 면으로 나타난다.

①종교의 상징적 기능은 인간 생활에 의한 종교적 인식과 주어진 세계관이나 사상체계가 연관되어 체계화될 때 교리나 신념에 체계가 형성되는 것을 말한다. 이는 개인에게는 새로운 삶의 의미를 주고, 나아가 자신과 세계를 동일한 기준에서 인식하게 함으로써 삶의 방향을 제시해 준다.[2]

②종교의 실천적 기능은 종교적 신념이 구체적인 의례에 의하여 실천되어지는 것을 말한다. 엄격한 형식을 반복하는 동안 의례 뒤에 있는 신념체계가 행위자에게 내면화되고, 또한 자기화된 종교적 사상을 형식적인 의례를 통하여 표현하기도 한다. 의례는 외적인 신념의 내면화와 내적인 자아의 외적표현이라는 두 가지 기능을 갖는다. 이러한 의례는 교리와 상호보완 관계에 있으며, 종교 교리를 행동으로 옮기는 실천적 체계라고 할 수 있다. 또한 종교적 의례의 실천 규범을 사회 구성원이 지키게 되면 사회를 통합하는 기능까지 갖는다.[3]

③종교의 조직적 기능은 같은 종류의 신앙을 가진 사람들이 종교적인 정신에 의해 서로 모여 적극적인 인간 관계를 맺어 조직을 형성하게 되는 것을 말한다. 이것은 인간관계의 해석에 따라 인류 전체를 위한 보편적 종교 조직도 있고 특히 높은 신앙 생활을 위한 격리된 조직도 있다.[4]

---

2) 조계종포교원 편저, 앞의 책, 26쪽 참고.
3) 불교교육연합회, 앞의 책, 7-8쪽 참고.

이와 같은 종교의 기능들은 인간 삶의 본질적인 문제를 해결하여 절대적 경지에 이르게 하는 것과, 인간의 도덕적 삶을 영위하게 하는 실천적 문제를 해결해 주는 것으로 나누어진다. 이를 개인적 차원의 기능과 사회적 차원의 기능이라고도 한다. 그러나 이러한 두 가지의 기능이 한 쪽에 치우침이 없이 조화를 이루는 것이 종교가 지녀야 할 기본적 요소라고 할 수 있다.[5]

제2절_ 종교의 어원

　서양의 문물, 즉 물질문명이 현대적이고 합리적이라는 미명 아래 동양의 정신 문화까지 깊숙하게 파고들었다. 동양의 모든 철학, 종교의 용어가 서양인들의 사고 속에서 해석되어 많은 오류가 범해졌다. 그 중에서 종교라는 단어가 그 한 예이다.
　종교가 릴리젼(Religion)으로 번역된 것은 동서양의 서로 다른 이질적 문화를 잘못 이해하는 데서 기인되며, 큰 오역으로 기록되고 있다.[6] 종교와 릴리젼(Religion)은 다르다. 문화를 나타내는 특수한 용어는 다른 문화권에서는 전혀 맞지 않는 경우가 많다.

1) 종교의 일반적 정의
　불교, 유교, 기독교, 이슬람교 등을 따르는 사람을 통상 종교인이

---

4) 불교교육연합회, 앞의 책, 8쪽 참고.
5) 불교교육연합회, 앞의 책, 8쪽 ; 조계종포교원 편저, 앞의 책, 23쪽 참고.
6) 조계종 포교원 편저, 앞의 책, 63쪽 참고.

라고 한다. 상식적으로는 어느 정도 종교라는 의미를 알고 있지만 간략하게 종교를 정의하자면 매우 어려운 문제에 부딪치게 된다.[7]

왜냐하면 종교를 신과 인간의 관계로 정의하는 유신론(有神論)이 있는가 하면, 신의 존재를 인정하지 않는 무신론(無神論)도 있다. 종교를 미신이나 아편이라고 혹평하는 경우가 있는가 하면 종교의 가르침 속에서 인생의 근본 문제를 해결하는 사람도 있고, 종교적 가치에 자신의 온 몸과 마음을 바치는 사람도 있다.

종교는 사람과 시대에 따라서 견해를 달리하며, 거기에는 동서양의 종교관이 아주 크게 다르기 때문에 종교를 정의하기란 대단히 어려운 것이다. 요즈음 동서양의 많은 종교를 전체적으로 해석하려는 시도가 많이 일어났으며 종교에 대해 "인간생활의 궁극적 의미를 명확하게 밝혀서 인간 문제의 궁극적인 해결에 관계를 갖고 있다고 사람들로부터 믿어지고 있는 행위를 중심으로 한 문화 현상이다. 종교에는 그 행위와 관련하여 신성성(神聖性)을 수반하는 경우가 많다."[8]고 정의하고 있다.

종교의 현대적 정의에서의 기본은 첫째 문제의 궁극적 의미(解), 둘째 해결의 행위(行), 셋째 확신(信), 넷째 체험(證)이다. 불교는 우주의 질서, 인간의 실존에 대한 방대한 철학뿐 만 아니라 현실 이익과 영원한 행복을 위해 그 실천 강령이 조목조목 제시되어 있다. 사성제, 팔정도, 보살행, 육바라밀, 사섭법, 각종 기도 등 수많은 실천 강령들이 있다.

---

7) 존 히넬슨 편, 장영길 옮김, 『세계종교 사전』, 까치글방, 1999, 293쪽 참고.
8) 요하힘 바하 지음, 김종서 옮김, 『비교종교학』, 민음사, 1994, 200쪽 참고.

2) 종교(宗敎)라는 용어

한자로 종교(宗敎)란 근본이 되는 가르침이란 뜻이다. 종(宗)이라는 글자는 중국불교에서는 'siddhānta'의 번역으로 진리를 파악하는 최고의 경지를 뜻하며, 교(敎)는 그것을 말로 표현하여 가르치는 것을 지칭하였다.[9] 종교가 이 세상에서 처음 쓰여진 것은 서기 600년 후에 일이다. 법화경(法華經)을 해석하면서 중국의 천태지의(天台智顗)스님은 그의 저서 『법화현의(法華玄儀)』에서 종(宗)이니 교(敎)니 하는 말을 썼다. 종(宗)은 부처님의 말씀 가운데 어떤 특정된 교설을 지목해서 말할 때 쓰였고, 교(敎)는 교의(敎義)의 대소권실(大小權實)을 밝히는 의미로 쓰였다. 즉, 종교는 부처님의 어떤 특정한 교설을 언어나 문자로 표현한 것이다. 지자 스님은 교리의 교상판석(敎相判釋)에서 법화경이 가장 훌륭한 부처님 말씀으로 결론을 내렸다. 법화경을 종교라고 하신 것이다. 부처님의 말씀 중에서 으뜸 되는 가르침이 법화경이라고 보신 것이다.

이후에 종교는 가장 근원적인 가르침을 제시하는 의미로 다른 유사한 유교, 도교 등에서도 확대 적용해서 쓰여진 것이다. 즉, 훌륭한 성인들이 교설한 가르침은 모든 종교라는 말로 쓰여진 것이다. 어쨌든 불교에서 종교라는 말을 처음 쓰기 시작했다. 동양 문화권에서는 신이라는 이름과는 상관없이 훌륭한 가르침이란 의미로 쓰여졌다.

---

9) 김승혜 편저, 『종교학의 이해』 분도출판사, 1993, 17쪽 참고.

(3) 릴리젼(Religion)

종교(宗敎)라는 용어는 19세기 말 종교학이 일본에 소개되면서 서양언어인 'religion'이란 번역어로 중국과 우리나라 등에 통용되게 되었다. 'religion'의 라틴어 'religio'에서 유래한 것으로 두 가지로 해석되었다. 첫째는, B.C. 1세기의 시세로(cicero, B.C. 106-43)에 의하면 '다시 읽는다'라는 뜻을 지닌 're-legrere'에서 나온 단어로 반복해서 낭송하는 종교의식에 초점을 맞추어 초월자에 대한 경외심을 나타내는 말로 이해되었고, 둘째는, A.D. 4세기에 락탄티우수(Lactantius, A.D. 4C)에 의해 '다시 묶는다'는 're-ligāre'에서 나온 것으로 신(神)과 인간의 관계에 초점을 맞추어 죄로 끊어진 관계를 재결합시켜 주는 뜻을 가진 말이라고 해석되었다.[10]

이 둘의 릴리젼(Religion)의 개념은 기독교적이고 유일신적인 사고에 그 초점을 두고 있다. 즉, 아담과 이브는 뱀의 유혹에 빠져 낙원의 동산에서 쫓겨났다. 우리 인간은 신과 다시 연결, 낙원에 다시 주어 올려졌으면 한다는 생각을 갖고 있는 것이다.

이와 같이 릴리젼(Religion)을 '종교'란 말로 무리하게 번역한다면 절대신을 인정하지 않는 동양의 모든 종교를 서양인의 입장에서 보면 이상할 것이다.

유일신(절대신)을 믿는 서양 사람들은 동양의 종교를 접하면서 자기의 것은 정통종교요, 동양의 것은 유사종교(Quasi Religion)라는 발상을 하였다. 이와 같은 편견이 후세에까지 전해지면서 동양 종교의 자존심을 건드리고 있다. "굴러온 돌이 박힌 돌 뽑는다"는

---

10) 김승혜 편저, 앞의 책, 17쪽 참고.

속담이 생각난다.

기독교 등의 모임은 절대신에 복종하여야만 권능이 부여되므로 릴리젼(Religion) 외에 다른 용어는 맞지 않다. 불교에서 처음 사용했음에도 불구하고 무식한 사람들이 "불교는 종교가 아니며 철학이다. 불교는 미신이며 우상숭배이다"라는 등의 망언을 서슴지 않고 있다.

(4) 종교의 3요소
일반적으로 종교를 구성하고 있는 3가지 요소가 있다. 이 3가지 요소가 명확하게 밝혀져야 그 정통성이 인정된다.

① 교주(敎主)
신앙상의 지도자 또는 교파의 창립자이다. 불교에 있어서 교주는 석가모니부처님이고, 유교(儒敎)는 공자(孔子), 도교(道敎)는 노자(老子), 기독교는 예수, 이슬람교는 마호메트이다.

② 교리(敎理)
각각의 종교에서 교법(敎法)으로 인정하고 있는 가르침의 체계이다. 또는 교의(敎義)라고도 한다. 불교에 있어서의 교리는 부처님이 말씀하신 진리의 말씀이다. 교(敎)와 이(理)를 별도로 나누어서 말할 때는 교(敎)는 부처님의 말씀을 언어와 문자로 표현한 것을 뜻하며, 이(理)는 교(敎)에 의해 나타난 진리(法)의 내용을 말한다.

③ 교단(敎團)
종교상의 신앙과 교주를 신봉하는 동질적인 종교집단으로, 그

가르침에 따라 의례에 참가하는 사람에 의해서 자발적으로 조직된 종교집단이다. 따라서 불교는 부처님(교주), 부처님의 가르침(교리), 승단(교단)이다.

제3절_ 철학(哲學)

불교는 철학이지 종교가 아니라는 견해가 있다. 이는 주로 그리스도교 신학자들로부터 나오는 견해이다. 신에 대한 신앙을 핵심으로 하지 않고 그저 인간의 깨달음을 궁극적인 목표로 한다는 것이 그런 견해의 주된 근거이다.[11]

그러나 철학과 종교의 한계는 한마디로 행위가 있느냐, 없느냐에 있다. 즉, 종교=철학+행위(실천강령)이다. 철학은 우주의 궁극적 의미를 밝히려고는 한다. 만물의 근원은 무엇인가? 희랍의 철학자들은 "물, 불, 공기, 원자가 각기 만물의 근원(Arche) 이다"라고 제각기 많은 이론을 내어놓았다. 그야말로 철학이란 관념(觀念, Logos)이상은 될 수 없는 것이다. 그러나 불교는 훌륭한 철학성을 갖고 있으면서 실지로 부딪치고 땀을 흘리고 중생 속을 거닐어야 되는 행위를 갖고 있다. 불교를 신행(信行)하는 사람들은 더욱 적극적인 행동이 요구되는 바다.

"유교는 철학이지 종교가 아니다"라고 말한다. 그러나 유교도 이상적인 세계를 정하고 거기에 도달하려는 많은 윤리적 행위을 내놓고 있다. 사단칠정론(四端七情論)이나 지행합일(知行合一)등

---

11) 불교교재편찬위원회, 『불교사상의 이해』 불지사, 1998, 25쪽 참고.

이 그것이다. 사단(四端)은 인(仁), 의(義), 예(禮), 지(智)이고 칠정(七精)은 희(喜), 노(怒), 애(哀), 락(樂), 애(愛), 오(惡), 욕(慾)이다.

공·맹자의 시대에는 다소 윤리적 강조만이 있었지만 주자 이후에 와서 이기논쟁(理氣論爭)을 내놓으면서 훌륭한 종교로 자리잡게 되었다. 즉, 만물과의 일치를 이루기 위해 인(仁)이라는 덕목을 이해한 다음 우리가 필요한 모든 것은 이것을 마음속에 보존하고 성(誠)과 경(敬)으로 일치하여 행위하는 일이다. 그러한 실천을 쌓음으로써 우리는 참으로 만물과 일체가 된 것을 느끼게 된다고 보았던 것이다. 유교도 훌륭한 종교다. 우리는 이제 서양식의 편견에서 탈피해야 한다. 물질문명이 발달했다 해서 정신문명까지 우월한 것이 아님을 그들도 잘 알고 있다.

1) 서양철학

서양철학의 연원은, 인간중심의 고대 그리스·로마 사상과 신 중심의 중세 크리스트교 사상에서 찾아볼 수 있으며, 그 특징은 다음과 같다.

① 서양철학은 인간의 본성에 대하여 이성에 의한 사유활동과 감각적이고 육체적인 본능이나 욕구를 충족시켜 나가는 활동으로 나누어 제시하고 있다. 이성을 중시하는 사상은 고대 그리스 철학으로부터 시작되었다. 그리스 철학자들은 세계를 보편적인 진리가 실재하는 세계와 감각적으로 경험되는 현상의 세계로 양분하였다.

② 서양철학의 큰 흐름은 의무론적 윤리설과 목적론적 윤리설로 양분할 수 있다. 의무론적 윤리설은 도덕 법칙에 일치하는 행위를 옳다고 하고, 그와 같은 규칙에 어긋나는 행위는 그르다고 하는 입장이다.

③ 서양철학은 지식의 이해 못지 않게 실제 생활에서의 실천을 강조하였다. 즉, 인간 자신이나 외부의 대상에 관한 참된 지식이나 진리와 법칙 등을 아는 것에 그치지 않고, 그것을 일상 생활에 적용하여 실천하였다.[12]

2) 동양철학

대표적인 동양사상의 연원은 고대 중국과 인도의 사상에서 찾을 수 있다. 오랜 기간에 걸쳐서 형성된 매우 다양한 동양의 사상에서 어떤 일관된 특징을 찾아보기는 쉽지 않다. 그러나 몇 가지 특징을 살펴보면 다음과 같다.

① 동양사상은 개인의 도덕적 삶을 위한 수양론(修養論)을 강조하였다. 유교에서는 수기치인(修己治人)을 지향하고, 도가에서는 무위자연(無爲自然)을 근본으로 하며, 불교에서는 전미개오(轉迷開悟)를 종지(宗旨)로 삼고 있다.

② 동양사상은 현실적으로 존재하는 인간의 본성을 중시하고 신뢰하였다. 인간의 내면적 본질에 대한 긍정적인 이해와 윤리적 행위를 할 수 있는 근거가 된다. 이러한 점에서 대부분의 동양사상들은 인간의 본성이 선하다는 것을 확신하였다.

③ 개인의 도덕적인 자각을 기반으로 하여 바람직한 사회인이 되기를 희구하였다. 인간은 개인적 존재이지만 동시에 다른 인간과 더불어 살아가는 사회적 존재이다.

④ 동양사상은 생명을 존중하고 자연과의 조화를 매우 소중하

---

12) 서울대학교사범대학 1종도서윤리연구개발위원회, 『윤리』 교육부, 1999, 227-230쪽 참고.

게 생각하였다. 동양에서는 인간을 대자연의 일부로서 자연의 질서 속에 있는 존재로 보았으며, 영원하게 지속되는 자연의 운행 속에 생동하는 생명의 모습을 발견하였다.

⑤ 동양사상은 이론적 탐구와 함께 실천을 중요시하였다. 유교, 도교 그리고 불교에서는 다같이 이론적으로 도덕적 문제를 탐구하는 데에만 그치지 않고, 이를 일상 생활을 통하여 실천할 것을 주장하였다.[13]

제4절_ 세계의 여러 종교

1) 유교(儒敎)

유교는 고대 중국의 요순(堯舜) 시대와 하(夏), 은(殷), 주(周) 3대(三代)의 문화적 전통을 계승하여 지금으로부터 약 2500여년 전, 진정한 인간다움(仁)의 실현[14]을 중심 과제로 삼았던 공자(孔子, 이름은 丘, B.C. 551~479)에 의해 창시되었다.[15]

유교의 궁극적 목적은 모든 사람들을 설득하여 보편선(普遍善)을 얻고자 하는 데 있다. 유교는 인간의 선에 대해서 절대 낙관하며, 따라서 기본적으로 휴머니즘적이다. 그런데 무질서는 인류가 이와 같은 보편선을 획득하는 데 있어 최대의 장애로 작용한다. 그리하여 유교의 창시자인 공자는 제일 먼저 질서의 회복, 곧 예

---

13) 서울대학교사범대학 1종도서윤리연구개발위원회, 앞의 책, 201-204쪽 참고.
14) 그레이슨 지음, 강돈구 역, 『한국종교사』, 민족사, 1995, 85쪽 참고.
15) 서울대학교사범대학 1종도서윤리연구개발위원회, 앞의 책, 184쪽 참고.

절(禮)로의 복귀를 강력히 주장하였다.16)

또한 공자가 말하기를 "마음이 곧 도다(心是道)" "누가 방에서 문을 통하지 않고 나갈 수 있겠는가? 사람이 살아가는 데는 이 도를 말미암지 않는 일이 없느니라" "이 도를 사람들이 나날이 사용하고 있으면서도 알지 못하는구나"라고 한 것은 천지만물이 도(道) 아닌 것이 없음을 말함이다. 사람의 일상사가 도를 떠나 있지 않음을 이르는 것이다. 이것은 마음(心)의 체(體)를 이르는 것이니 불교(佛敎)의 이치와 다르지 않다.

이러한 사상의 근본이 되는 유교의 경전은 다음과 같다.

우선 경에는 『악경(樂經)』, 『시경(詩經)』, 『서경(書經)』, 『춘추(春秋)』, 『역경(易經)』, 『예기(禮記)』의 '육경(六經)'이 있으나 이 가운데 『악경(樂經)』은 없어지고 '오경(五經)'이란 형태로 남아 있다.17)

그리고 유교의 사상을 보다 잘 나타내는 자료들은 '사서(四書)'이다.18) '사서'에는 공자와 제자들의 언행을 기록해 모은 『논어(論語)』와 『대학(大學)』, 『중용(中庸)』, 『맹자(孟子)』가 있다. 이렇게 '사서 오경(四書五經)' 또는 '오경(五經)'을 『시경(詩經)』, 『서경(書經)』, 『역경(易經)』으로 축약한 '사서삼경(四書三經)'이 유교의 기본경전이다.19)

2) 도교(道敎)

도교(道敎)는 중국의 가장 큰 저변을 형성하는 종교이다. 도교

---

16) 불교교육연합회 편, 『종교(불교)』 대원정사, 1997, 50쪽 참고.
17) 불교교육연합회 편, 『종교(불교)』 55쪽 참고.
18) 그레이스 지음, 강돈구 옮김, 앞의 책, 87쪽 참고.
19) 불교교육연합회 편, 『종교(불교)』 56쪽 참고.

는 노자(老子, 이름은 耳, B.C. 579?~499?)에 의해 창시되었다.[20]

도가와 도교의 구분은 철학과 종교의 차이다. 도가는 우주의 과정과 조화롭게 살려고 애쓰면서 음양의 변화, 삶과 죽음, 존재와 비존재, 분화와 통일의 과정을 수용하고, 그 과정과 한 덩어리가 되어 사물에 내재한 도와 어울어지려 한다.[21]

노자 이름은 耳, B.C. 579?~499?

도교는 건강과 장생을 바랄 뿐만 아니라 우주의 과정을 적절하게 이용하여 신체가 죽은 뒤에도 살아남을 수 있는 불사(不死)의 자아를 만들어 내어 불멸성을 얻으려고 한다. 그리고 이러한 목표를 위해서 여러 가지 방법, 즉 식사조절, 호흡조절, 신비한 약의 제조, 의식, 신의 도움 등이 동원된다. 또한 도교는 신선방술과 영생을 추구하며, 이를 위하여 인위적인 조작, 이른바 단(丹)의 단련을 주창한다.[22]

도교가 하나의 종교 교단으로 성립하는 데는 불교가 그 배경으로 자리하고 있다. 도교는 방법적 측면에서 불교의 경전을 통하여 자기의 교리를 전파하는 방법을 모방하였다. 그리고 근본 경전의 필요에 따라서 노자와 장자는 점차 신비화되어 신선(神仙) 또는 천사(天使)로 불리게 되었다.

---

20) 서울대학교사범대학 1종도서윤리연구개발위원회, 앞의 책, 188쪽 참고.
21) 불교교육연합회 편, 『종교(불교)』 57쪽 참고.
22) 불교교육연합회 편, 『종교(불교)』 57-58쪽 참고.

이러한 도교의 경전들은 『노자(老子)』, 『장자(壯子)』, 『태평경(太平經)』 등을 기본 경전으로 삼는다. 그밖에도 동한(東漢) 시대에 정기(精氣) 공부의 관점에서 『노자(老子)』를 주석한 하상공(河上公)의 『노자도덕경주(老子道德經註)』, 제1대 천사(天師)인 장도릉이 『노자(老子)』를 주석(註釋)한 것이라고 알려져 있는 『상이주(想爾註)』 그 밖에 기공(氣空)의 관점에서 『노자(老子)』를 주해(註解)한 것으로 『노자절해(老子節解)』가 있다.[23]

3) 힌두교

힌두교는 흔히 인도종교(印度宗敎)로 불린다. 그것은 인도의 특정한 어떤 종교를 말하는 게 아니라, 힌두라는 말 자체가 원래 인도를 가리키는 지리적 명칭인 '신두(Sindhu)'에서 나온 말이다. 그러므로 힌두교는 넓은 의미로 인도에서 발생한 모든 종교를 통칭하는 말이 된다.

힌두교는 사제에 대한 권위보다는 신에 대한 직접적인 신앙을 강조한다. 그러나 각 개인의 사회적 행동과 위계 질서 또한 신성한 법(法)으로 자리잡아, 거기에 권위를 부여하게 된다.[24] 인도 사회를 특정 짓는 카스트 제도가 그 대표적인 예이다. 이러한 사회 제도를 규정하고, 또한 권위를 부여하는 것으로 『마누법전』을 비롯한 일련의 법전 문헌이 있다.[25]

힌두교의 주요 경전은 『우파니샤드』와 『바가바드기타』이다. 이

---

23) 불교교육연합회 편, 『종교(불교)』 62-63쪽 참고.
24) H. 키워드지음, 한국종교연구회 옮김, 『종교다원주의와 세계종교』 서광서, 1996, 141쪽 참고.
25) 불교교육연합회 편, 『종교(불교)』 43쪽 참고.

두 경전은 힌두 사상의 핵심을 내포하고 있다. 또한 힌두교의 가장 근본적이고 오래된 성전으로 『베다』가 있다. 힌두교는 『베다』에 대하여 절대적인 권위를 인정한다.

인도의 고대 바라문교부터 시작한 힌두교는 B.C. 500년 경에 발생한 불교의 영향으로 새로운 종교적인 요소를 가미하여, 바라문교와는 다른 양상으로 전개되기에 이르렀다. 이것이 종교로서의 힌두교이다.

쉬바신　힌두신으로 우주파괴를 관장한다./ 타밀나두 주

힌두교는 시대의 변화에 따라 점점 일반인들의 삶에 가까이 다가가려 했다. 그래서 점차로 제도화된 종교나 카스트 제도를 배격하고 모든 자에게 문호를 개방했다. 천민이나 여성의 참여도 적극 권장되었다. 그리고 신에 대한 헌신이 무엇보다도 중요하다고 강조했다. 이러한 바탕에서 8세기 이후에는 밀교가 형성되었다. 밀교는 대중의 호기심을 가장 잘 끄는 종교였다.

한편 중세 인도에는 이슬람 신비주의가 침투해, 16세기 무렵부터는 힌두교와 이슬람교가 융합된 시크교가 성립되었다. 또한 영국의 지배를 받던 1858년 이후부터는 서양 사상·문물과의 접촉을 계기로 새로운 종파가 성립되기도 하였다.[26]

---

26) 불교교육연합회 편, 『종교(불교)』 47-48쪽 참고.

4) 기독교(基督敎)

기원전 1세기 경, 로마가 지배하던 유대에서 예수에 의해 시작되었다. 예수는 갈릴리 지방의 나사렛(베들레헴)에서 태어났다.[27] 기독교는 당시 율법주의(律法主義)를 강조한 유대교를 비판하면서 신의 본질은 모든 인간을 구하는 구제의 의미임을 몸소 설시(說示)함으로써 시작되었다. 예수의 가르침은 외국의 지배와 국내의 특권계급의 핍박으로부터 신음하고 있던 일반 민중들 사이에 급속히 번져나갔지만 예수는 새로운 종교를 창시할 겨를도 없이 십자가에 처형되었다. 그리스도교는 예수가 죽은 후 제자들 사이에 확산된 부활 신앙을 기반으로 하고 있으며, 신의 사랑에 대한 구제와 영원한 생명에 이르는 길을 가르치는 교로서 시작되었다.[28]

고대 로마제국 시대에 문명의 중심이 아닌 주변에서 일어났던 예수의 신흥종교 운동은 콘스탄틴 대제의 밀라노 칙령(A.D. 313)에 의하여 로마제국의 국교(國敎)로 공인되었다. 그리스도교의 역사 2천년을 살펴보면 거의 5백년마다 대전환이 일어났다. ① 니케아 회의(A.D. 325)에서 칼케돈 회의(451)에 이르러 그리스도교의 힘을 통일시켰으나 ② 동방 정교회는 로마 교황의 무오(無誤)설을 거부하며 로마 카톨릭 교회에서 분리되어 나갔다(A.D. 1054). ③ 루터의 종교 개혁(A.D. 1517)은 원시 그리스도교에로의 귀환을 외치고 정교(政敎)분리를 주장하며 가톨릭 교회에 저항하였다.[29]

---

27) 불교교육연합회 편, 『종교(불교) 상』 11쪽 참고.
28) 이도업 역, 『종교의 역사』 경서원, 1992, 35쪽 참고.
29) 불교교육연합회 편, 『종교(불교)』 75-76쪽 참고.

종교개혁이 끝난 지 5백년이 된 지금 그리스도교의 2천년의 역사 속에서 신학이나 전통의 차이에 의해서 로마 가톨릭, 동방 정교회, 프로테스탄트 교회의 세 종류로 나누어져서 오늘에 이르고 있다.

그리스도교의 경전은 『구약성서』 39권과 『신약성서』 27권을 합해서 66권이다. 『신약성서』는 예수의 복음 선교를 중심으로 한 네 가지 복음서, 베드로·요한·바울을 중심으로 한 『사도행전』 바울이 여러 교회에 보낸 편지, 그리고 초대 교회 지도자의 서간과 요한의 묵시록으로 되어 있다. 그리스도교 중심은 과거 유대교의 율법 중심주의의 낡은 껍질에서 벗어나려 하였던 사랑의 종교이다.[30]

5) 이슬람교

이슬람교는 아라비아 반도의 오아시스 도시 메카에서 태어난 마호메트(A.D. 570~632)가 7세기 전반기에 창시한 종교다. 마호메트는 신의 말씀을 전하는 예언자로서의 소명(召命)을 받았다는 신념 아래 이슬람교의 포교에 나섰다. 이슬람교의 기본 신조(信條)는 셈계(界)의 윤리적 유일신 신앙을 기조(基調)로 하고 있는데, 그 중에서도 특히 신의 유일성과 신에 대한 절대적 신뢰와 복종을 강조하고 있다.[31]

이슬람은 아랍어로 알라(하나님)에게 절대 순종한다는 뜻인데, 그 이름이 이 종교의 특징을 잘 나타내고 있어 그렇게 불리게 되

---

30) 불교교육연합회 편, 『종교(불교)』 75-76쪽 참고.
31) 이도업 역, 앞의 책, 85쪽 참고.

었다. 우리말로는 회교(回敎)로 널리 알려져 있다. 이 명칭은 본래 중국 사람들이 회흘(回紇)사람들의 종교란 뜻으로 부른 데서 유래한 것이다.[32]

마호메트는 마흔살에 알라의 계시를 가브리엘 천사를 통하여 받은 예언자라고 자처하고, 사회 구제의 길에 나섰다. 10여년 동안 메카에서 포교하였으나 성공을 거두지 못하자, 그는 622년에 추종자와 함께 메디나로 이주했다. 이것을 '해지라' 라고 부르며, 이슬람력(曆)의 기원이 되었다.

이슬람교의 성전인 『코란』은 마호메트에게 계시된 신의 말씀을 기록해 놓은 것이다. 신의 계시를 기록한 성스러운 문서라는 뜻에서 알 키타브(聖典)이라고도 불렀다. 『코란』은 114장 6200여 절로 구성되어 있고, 긴장은 30여 쪽에 이르지만, 짧은 장은 불과 3·4행에 지나지 않는다. 『코란』은 태초에 있었던 하느님의 말씀이므로 변할 수가 없다고 믿고, 무슬림은 예배 때마다 그 구절을 외우면서 기도를 올린다.[33]

이밖에도 이슬람교 공동체에 헌신할 의무, 특히 성전(聖戰)에 참여할 의무가 있다. 여섯 가지 믿음 가운데서 천사와 최후의 심판 개념은 기독교와 별로 다를 바 없으나, 유일신·예언자·성서 및 천명 개념이 이채롭다.

1990년을 기준으로 이슬람교도는 세계 총 인구의 1/5에 해당하는 10억 가량으로 추산되며, 그들이 다수를 차지하는 국가만도 40여 개에 이르고 있다.[34]

---

32) 불교교육연합회 편, 『종교(불교)』 78쪽 참고.
33) 이도업 역, 앞의 책, 94~95쪽 참고.

6) 우리나라의 종교들

(1) 대종교(大倧敎)

대종교는 한국 민족의 국조(國祖)인 단군 한배검을 삼위일체의 신으로 받드는 한국 민족 종교중의 하나이다. 대종교는 한얼님을 숭배하고 단군을 섬기는 민족종교로 이어져 오다가 대종교로 개칭하기에 이르렀다.

대종교의 첫째 이치는 '셋과 하나'로 나타낸 삼일신(三一神) 사상이다. 곧 우리 으뜸 조상 '한얼님'인 단군은 '한임(桓因)·한웅(桓雄)·한검(桓儉)'의 세신이 한몸을 이루어 "나누면 셋이요 합치면 하나이니, 셋과 하나로써 한얼 자리가 정해진다"고 풀이한다. 바로 '한얼'의 화현(化顯)이라는 것이다. 둘째, 대종교는 독특한 인류 기원론을 가지고 있다. 곧, 그 한올 가람(송화강)이 인류 시현(示顯)의 중심지라고 하였고, 이 지역에서 나고 자란 우리 민족이 세계 인류 중에서 가장 으뜸되게 잘났다고 하였다. 셋째, 대종교의 구원론은 삼진(三眞)을 깨달아야 '한얼님 누리'에서 길이 살게 된다는 것이다.

대종교의 경전으로는 천훈(天訓)·신훈(信訓)·천궁훈(天宮訓)·세계훈·진리훈의 5훈(五訓)이 실린 삼일신고(三一神誥)를 비롯해서 신리대전(神理大全)·신사기(神事紀)·천부경(天符經) 등이 있다.[35]

---

34) 불교교육연합회 편, 『종교(불교)』 83쪽 참고.
35) 가톨릭교육재단협의회, 『종교(천주교)』 분도출판사, 1994, 77-85쪽 참고.

(2) 천도교

천도교(天道敎)는 온 누리에 덕을 펴서 암흑에서 헤매는 창생(蒼生) 곧 세상의 뭇 사람을 건지자는 후천개벽(後天開闢)을 부르짖는 새로운 종교이다. 이 교는 최치원(崔致遠, 857~?)의 25대손 수운 최제우(水雲 崔濟愚, 1824~1864)가 1860년 4월 5일에 경북 경주 용담에서 창도하였다.

천도교의 종지(宗旨)는 인내천(人乃天)인데, "사람이 곧 한울이라."는 뜻이며, 경전은 수운 최제우가 지은 신인일체사상(新人一體思想)을 담은 동경 대전(東經大全)과 용담유사(龍潭遺詞), 해월 최시형이 지은 해월 신사 법설(海月神師法說) 및 손병희가 지은 의암성사법설(義庵聖師法說) 등이다.[36]

(3) 증산교

증산교는 창시자인 증산 강일순(甑山 姜一淳, 1871~1909)의 호를 따라 이름지어진 민족 종교이다. 일제의 강점(强占) 동안에는 흠치교라고 하였다. 당시에 이 지역은 여러 차례의 민란과 동학 농민운동(1894년)이 발생한 지역이었다.

강일순은 1902년부터 그를 추종하는 이들에게 도를 전파하였는데, 자신을 신도들에게 천지인 3계(天地人三界)의 대권을 가진 주재자로 가르치면서, 천지공사(天地公事) 또는 3계 공사(三界公事)를 행하였다고 한다.

증산교의 사상은 사람존중·원한씻기·민족의 임자 노릇하기 등의 셋이다. 그리고 우리나라의 민간 사상과 유·불·선에다가

---

36) 가톨릭교육재단협의회, 앞의 책, 86-96쪽 참고.

그리스도교 및 동학의 교리를 섞어서 체계화하려고 노력한다. 이를테면 무속 신앙과 선도사상, 음양풍수도참사상을 바탕으로 하여 유교의 오상(五常), 곧 다섯가지 덕(인·의·예·지·신)을 찬양하며, 성(誠)·경(敬)·신(信)을 인격수양의 방법으로 삼고 불교의 미륵불 출세사상을 동학의 주문과 섞었으며, 그리스도교의 재림 사상을 끌어들여 통합시키려고 노력한다.

증산교 각 계파는 대순전경(大巡典經)·대순철학(大巡哲學)·증산천사공사기(增刪天師公事記)·고부인신정기(高夫人禪政記)를 공통으로 쓰고, 증산종단개론(甑山宗團槪論)과 증산교사(甑山敎史)도 이용한다.[37]

(4) 원불교

원불교(圓佛敎)는 소태산 박중빈(小太山 朴重彬, 1891~1943)이 26세 되던 1916년 4월 28일에 일원상(一圓相)의 진리를 깨닫고 세운 종교이다.

원불교의 교리는 일원상 진리를 기본 종지로 삼고, 한국 고유의 유(儒)·불(佛)·도(道) 삼교는 물론, 기타 모든 종교의 교리도 종합·활용하는 특징을 가지고 있다.

만물의 근원을 일원상으로 표현하면서 이것은 오랜 수양을 통해 도를 깨달으신 부처님과 성현님의 원만하신 마음과 죄악과 어둠이 물들기 전의 타고난 본성과 통한다고 하였다.

원불교의 경전으로는 원불교 전서(圓佛敎全書)에 정전(正典)·대종경(大宗經)·예전(禮典)·정산종사법어(鼎山宗師法語)·원

---

37) 가톨릭교육재단협의회, 앞의 책, 97-99쪽 참고.

불교교사(圓佛敎敎史)·원불교교헌(圓佛敎敎憲) 및 성가(聖歌) 등이 수록되어 있고, 참고 경전으로 불조 요경(佛祖要徑)이 있다.[38]

제5절_ 세계의 사상가

1) 부처님 당시 인도의 사상가들

B.C. 6C경 인도 사상계는 정통 바라문과 혁식적인 사문들이 대립하고 있었다. 태초에 범(梵, Brahman) 즉, 절대신이 있어서 우주를 창조했다고 믿었다. 요즈음에 유일신을 믿는 것과 똑같다고 볼 수 있다. 이러한 사상은 당시 사회에도 영향을 미쳐 카스트 제도를 형성하였다. 카스트 제도는 다음과 같다.

첫째는, 브라만(brāhmaṇa)으로 신에게 제사를 지내고 종교의식을 담당하는 사제 계급이다. 둘째는, 크샤트리아(kṣatriya)로 군대를 통솔하고 정치를 담당하는 왕족·귀족 계급이다. 셋째는, 바이샤(vaiśya)로 농경·목축·상업·수공업에 종사하는 평민들로 구성된 계급이다. 넷째는, 수드라(śūdra)로 봉사하는 것을 의무로 삼는 노예 계급이다.

절대신의 사상에 대해서 많은 사상가들이 제각기 반론을 내세우며 신의 타파에 나섰다. 6명의 스승들이 있었는데 이를 육사외도(六師外道)라 한다. 외도라고 한 것은 이들 사상가들도 불교적 입장으로 보아서는 진리 밖에 있기 때문이다. 유물론(唯物論)적

---

38) 가톨릭교육재단협의회, 앞의 책, 100-106쪽 참고.

입장에서 우주의 실재(實在)를 파악하여 정통 바라문과의 대립 속에서 결정적인 해결을 찾지 못했다. 마치 서양의 유물론(唯物論)과 유신론(有神論)의 대립과도 같았다. 여기서 부처님은 연기(緣起)와 중도(中道)사상으로 우리 인류와 중생의 갈 길을 제시하였던 것이다.

(1) 푸라나(Pūraṇa)

도덕부정론자(道德不定論者)다. 절대신의 질서, 바라문 계급들이 기득권을 유지하기 위해 강요해 왔던 사성제(四姓制) 신분에 따른 도덕을 강하게 부정했다. 가히 혁신적이라 할 수 있다. 즉 신의 권위 자체와 신의 심판 자체를 부정하였던 것이다. 그러나 업(業)에 대한 과보나 도덕까지도 부정하였으므로 불교와는 거리가 있다.[39]

(2) 파쿠다(Pakudha)

칠요소설(七要素說)을 주장했다. 신의 존재를 부정하고 인간의 존재는 변하지 않는 7가지 요소로 구성되어 있다고 보았다. 지(地), 수(水), 화(火), 풍(風), 고(苦), 락(樂), 영혼(靈魂)이 고정된 실체로서 존재한다고 보았다. 하지만 7요소는 본래로 있는 것이지 만들어진 것이 아니다. 단지 이합집산할 뿐인 것이다. 그리고 불교에서는 지, 수, 화, 풍이 고정된 실체가 아님은 두말할 나위도 없지만 더욱이 영혼을 의지의 작용이 불가능한 물질적 요소로 취급했다는 점이다. 또한 고락도 느껴지는 것이지 고정된 실체가 아

---

39) 高崎直道외1, 정호영 역, 『인도사상의 역사』 민족사, 1993, 39쪽 참고.

니다.⁴⁰⁾

(3) 막칼리(Makkhali)

숙명론자(宿命論者)다. 신의 존재를 부정하고 인간을 포함한 모든 살아 있는 것의 운명에 대해서 무인무연론(武人無緣論)을 주장했다. 생사윤회도 인연 없이 되어지며 성취도 인연 없이 되어진다고 보았다. 그러나 현재 인간의 의지, 현재 인간의 선업이 부정되었으므로 불교와는 다르다.⁴¹⁾

(4) 아지타(Ajita)

유물론자(唯物論者)다. 신의 존재를 부정하고, 모든 존재는 철저하게 물질뿐이라고 보았다. 인간은 죽고 나면 아무 것도 없다. 따라서 이 몸이 있을 때 쾌락을 즐기며 살자는 것이다. 육체만이 존재한다고 생각하는 오늘의 쾌락주의자들과 무엇이 다른가. 불교는 진정한 인생의 가치를 쾌락에 두지 않았다. 철저하게 내세(來世)가 있음을 가르친다.⁴²⁾

(5) 산자야(Sa~njaya)

회의론자(懷疑論者)다. 신의 존재를 부정하고 진리를 서술하는 것은 불가능하다고 보았다. 과보에 대한 문제 등 어려운 질문을 받았을 때 애매한 답변을 한다든지 판단 중지를 강요하는 것들이

---

40) 권오민 역, 『인도불교사』 경서원, 1995, 35쪽 참고.
41) 高崎直道외1, 정호영 역, 앞의 책, 39-40쪽 참고.
42) 中村元著, 楊貞圭 역, 『불교본질』 경서원, 1995, 26-27쪽 참고.

다. 하나님의 뜻이니까 너는 몰라도 된다는 식의 논리거나 "너 그러면 하나님한테 벌받는다"라고 엄포를 주는 식이다. 산자야의 제자 사리불과 목건련이 동료 250여명과 함께 부처님께 출가하자 산자야는 피를 토하며 죽었다고 한다.[43]

(6) 니간타(Niganṭa)

극단적인 고행주의자(苦行主義者)다. 신의 존재를 부정하고 영혼이 육체 속에 갇혀 있다고 보았다. 이 영혼이 육체에서 벗어나려면 육체를 괴롭게 해야 한다는 것이다. 즉 업의 유입을 막고 영혼을 자유롭게 하기 위해 고행을 한다는 것이다. 극단적인 불살생과 무소유의 실천자로 알몸으로 수행하였다. 불교에서는 인간은 인간일 뿐이지 육체와 정신을 완전히 둘로 나누는 대상이 아니다.[44]

2) 서양의 사상가들

서양사상의 연원은 인간중심의 그리스, 로마 사상과 신중심의 중세 크리스트교사상에 있다. 그리스, 로마 사상은 자연보다 영혼과 덕, 법과 제도 등과 같은 인간과 사회의 본질에 대하여 관심을 두면서 아테네를 중심으로 시작되었다.

인간본성에 대한 관점을 제각기 다르게 보았다. 인간본성을 이성에 의한 사유활동이라고 본 소크라테스, 플라톤과 아리스토텔레스를 중심으로 하는 고대 그리스 사상과, 헬레니즘 시대의 스토

---

43) 中村元著, 楊貞圭 역, 앞의 책, 27-28쪽 참고.
44) 高崎直道외1, 정호영 역, 앞의 책, 43-44쪽 참고.

소크라테스(B.C. 470?~399)
윤리적 회의주의나 상대주의를 극복하려고 했다.

아 학파가 대표적이다. 인간의 본성을 감각적이고 육체적인 본능이나 욕구를 충족시키는 활동이라고 본 것은 헬레니즘 시대의 에피쿠로스 학파가 대표적이다.

(1) 소크라테스(Socrates, B.C. 470?~399, 그리스)

윤리적 회의주의나 상대주의를 극복하려고 노력하였다. 당시 소피스트(Sophist)들은 변론술과 수사학을 가르쳤던 사람들로서, 인간의 사고 능력으로는 절대적 진리를 파악할 수 없다고 생각하였다.

이에 반해서 소크라테스는 모든 인간의 삶에는 보편적이고 절대적으로 실재하는 진리나 지식이 존재한다고 보았으며 그것은 보편적 이성의 활동에 의해서 밝힐 수 있다고 생각하였다. 더 나아가서, 그는 보편적 진리나 지식을 발견하는데 그치지 않고, 반드시 실천해야 한다는 지행합일설(知行合一說)을 제시하였다. 무엇이 올바른 것인지 아는 사람은 그것을 행하려고 하며, 그릇된 행위는 무지(無知)에서 비롯되는 것이라고 하였다.

(2) 플라톤(Platon, B.C. 427?~347, 그리스)

소크라테스의 사상을 이어 받아 객관적이고 불변하는 진리를 추구하였다. 그는 감각적 경험을 바탕으로 한 지식은 참된 지식이 아니기 때문에 완전한 사물의 본질인 '선(善)의 이데아(Idea)의 세계'를 모방해서 이를 실현해 가는 것이 참된 삶이라고 말하였다.

인간의 영혼은 세 가지 덕인 절제와 용기 및 지혜가 서로 조화를 이룰 때에 정의의 덕을 이루고 행복한 삶을 누리게 된다는 것이다.

플라톤은 개인이 갖추어야 할 이런 4주덕(四主德, 절제, 용기, 지혜, 정의)이 사회 속에서 실현될 때에 정의(正義)로운 사회 혹은 이상국가(理想國家)가 이루어진다고 보았다.

(3) 아리스토텔레스(Aristoteles, B.C. 384~322, 그리스)

소크라테스나 플라톤과 마찬가지로 이성적 존재로서 인간이 어떻게 하면 바람직한 삶을 살 것인가에 대해서 탐구하였다.

덕이란 단순히 지식만으로 이루어지는 것이 아니라, 선한 행위를 실천하려는 선의지(善意志)가 있을 때에만 가능하다고 보았다. 인간은 선악을 알면서도 일시적인 충동에 의해서 부도덕한 행위를 저지를 수 있는 것이다. 누구나 이성에 의해서 자발적으로 결정하고 선택하겠지만, 인간에게 중요한 것은 반드시 선한 행위를 하겠다는 도덕적 실천의지이다. 이러한 의지를 함양하기 위한 실천적인 덕이 바로 중용이라는 점을 강조한 것이다.

아리스토텔레스 이후, 그리스는 알렉산더 대왕의 동방원정으로 인하여 헬레니즘(Hellenism)시대가 전개되었다. 전쟁으로 사람들은 불안한 생활을 하게 되었으며 공동체 생활에 대한 의욕을 잃고 개인의 안심입명(安心立命)에만 관심을 기울이게 되었다. 사상으로는 스토아(stoa)학파의 금욕주의(禁慾主義)와 에피쿠로스 학파의 쾌락주의(快樂主義)를 들 수 있다.

(4) 에피쿠로스(Epicurus, B.C 332~270, 그리스)

처음에는 플라톤에게 뒤에는 데모크리투스에게서 철학을 배웠다. 아테네의 자기 집에 학교를 세우고 평생을 교육에 힘썼다. 자연학에 있어서는 원자론적 유물론을, 윤리학에 있어서는 쾌락주의를 주장하여 쾌락주의 철학의 시조가 되었다. 그의 사상은 그리스와 이탈리아를 비롯하여 먼 나라에까지 전하여 '쾌락주의 학파'로 수백년동안 영향을 미쳤다. 쾌락주의는 인생의 목적과 가치의 기준을 쾌락에 두고 도덕은 쾌락을 실현하기 위한 수단이라고 하는 주의다.

(5) 데카르트(Descartes. R. 1596~1650, 프랑스)

감각적 경험을 통해서 얻은 지식은 개인에 따라 달라질 수 있으며 그것은 단편적이고 우연한 지식이므로 깊은 사유를 통해서 완전하고도 확실한 지식을 추구하려고 하였다. 인간은 철학적 사유를 통해서 진리를 인식한다고 보고 이성의 활동에 의한 진리 탐구의 방법을 이른바 '방법적 회의(方法的懷疑)'라고 하였다.

(6) 스피노자(Spinoza. B. 1632~1677, 네델란드)

해탈의 윤리 사상을 전개하였다. 가장 값진 삶은 지성이나 이성을 가능하면 최대로 완성하는 일이며, 이것이 바로 행복이라고 하였다. 행복이란 자연(自然)에 대한 참된 의식에서 우러나오는 마음의 평화라고 보았는데 여기서 말하는 자연은 신이나 정신, 혹은 모든 것을 포함하여 존재하는 것을 의미하였다.

(7) 칸트(Kant. I. 1724~1804, 독일)

인간의 내면적인 자유 의지와 인격으로부터 우러나오는 자율적인 도덕 법칙을 확립하려고 하였다. 인간은 자연의 산물이기 때문에 다른 동물과 같이 욕구에 의해서 지배를 받게 되며, 자유 의지를 가지고 자신의 행동에 책임을 져야 하는 이중적 존재라고 보았다.

칸트(1724~1804) 자율적 도덕 법칙을 확립하려 했다.

(8) 헤겔(Hegel. G. W. F. 1770~1831, 독일)

개인과 국가성원 전체의 역사적, 사회적 현실 속에 드러나 있는 윤리를 밝히려고 하였다. 개인의 자유와 사회의 자유가 함께 실현되려면 공동체가 필요하다고 보고 이러한 공동체를 인륜(人倫, Sittlichkeit)이라고 정의하였다. 이러한 공동체는 절대 정신이 정립(定立), 반정립(反定立), 종합(綜合)되는 변증법적 지양(止揚, Aufhebung)의 원리에 의하여 가족으로부터 시작해서 시민사회로 발전하여 국가에 이르러 완성된다고 보았다.

(9) 마르크스(Marx. K. 1818~1883, 독일)

인간이 노동을 통해서 보람이나 기쁨을 얻게 되고 자아를 실현해 갈 수 있다고 주장하였다. 그런데 자본주의 제도의 모순으로 인하여 인간은 소외되고 비참한 삶을 살아가게 되었다고 비판하였다. 이러한 인간의 자기 소외는 사유 재산 제도와 자본가에 의한 노동력 착취에서 나타나기 때문에 혁명을 통해서 자본주의 사회를 근본적으로 변혁하고 사회주의 사회를 실현해야만 인간답게 살아갈 수 있다고 보았다.

이상의 서양사상은 역사와 더불어 변화발전해서 매우 다양하지만 공통된 특징을 살펴보면 다음과 같다.

첫째, 서양 사상은 인간의 본성에 대하여 이성에 의한 사유활동과 감각적이고 육체적인 본능이나 욕구를 충족시켜 나가는 활동으로 나누어 제시하였다. 둘째, 서양 사상의 큰 흐름은 의무론적 윤리설과 목적론적 윤리설로 양분할 수 있다. 셋째, 서양의 사상은 지식의 이해에 못지 않게 실제 생활에서의 실천도 강조하였다.

제6절_ 불교와 다종교 사회

1) 다종교 사회

현대사회는 다른 여러개의 종교가 함께 공존을 하고 있다. 이런 현대 사회를 다종교 사회라고 한다. 다종교 사회란 한 사회 안에 두개 이상의 종교가 동시에 존재하는 경우를 말한다. 다만 그러한 조건이 충족되더라도 어느 하나의 종교가 압도적으로 사회적 영향력을 행사함으로써, 다른 종교가 있으나마나 한 경우에는 다종교 사회로 보기가 어렵다. 그러므로 엄밀한 의미에서 다종교 사회의 조건은, 한 사회 안에 둘 이상의 종교가 각각 분명한 사회적 영향력으로써 동시에 존재하고 있어야 한다.[45]

---

45) 불교교재편찬위원회, 앞의 책, 384쪽 참고.

우리나라의 경우를 살펴보면 다종교 현상이 뚜렷하게 드러난다. 종교로 등록된 단체만 해도 수백여 개에 이르고 종교 공동체임을 표방하고 활동하는 단체들은 수천여 개가 넘는다고 보고되고 있다.

다종교 사회에서는 종교간의 긴장과 갈등, 알력과 반목의 문제가 필연적으로 대두된다. 종교는 본질적으로 자신의 신념을 절대시한다. 종교학자들은 이것을 가르켜 종교의 제국주의적 속성이라고 한다. 제국주의는 자기 민족이나 국가를 최고로 여기는 반면, 타민족이나 국가를 열등하게 여겨서 자신들의 문화를 강요하려는 태도를 말한다. 따라서 종교의 제국주의적 속성이란 자기 자신의 종교를 강화하고 다른 종교를 공격하거나 평가절하 하면서, 흔히 모든 종교들의 영성을 부정으로 평가하는 내적 침체와 폭력적인 종교간의 갈등을 야기시킨다.[46]

이러한 종교의 제국주의적 속성은 종교간의 긴장과 갈등 그리고 알력과 반목을 피할 수가 없다. 그것이 심각한 경우에는 분쟁이나 전쟁으로까지 가게되는 것이다.[47] 이러한 이유에서 종교간의 대화는 필요한 것이다.

2) 타종교를 대하는 태도

다종교 사회에서 종교간의 긴장과 갈등은 타종교를 대하는 태도로부터 야기되는 것이다. 먼저 타종교를 대하는 우리들의 태도

---

46) H. 키워드 저, 한국종교학회 역, 앞의 책, 207쪽 ; 불교교재편찬위원회, 앞의 책, 388쪽 참고.
47) H. 키워드 저, 한국종교학회 역, 앞의 책, 6쪽 참고.

를 점검해 볼 필요가 있을 것이다.[48]

(1) 배타주의

타종교를 대하는 태도들 중에서 가장 일반적인 것으로 먼저 배타주의를 들 수 있다. 배타주의는 전통적으로 유대교, 이슬람교, 기독교 등 유일신을 믿어온 종교들의 타종교를 대하는 전형적인 태도이다.[49]

타종교를 대하는 태도는 자신의 신앙에 대한 이해와 밀접하게 연결되어 있다. 자신의 종교를 어떻게 여기느냐에 따라 타종교를 대하는 태도는 달라진다. 타종교에 대해서 배타주의적 태도를 갖는 종교인은 자신의 종교만을 유일한 참종교라 여긴다. 자신의 종교만이 유일한 참종교라면 자신 이외의 것은 모두 허위가 아니면 오류일 수밖에 없다.[50] 자신의 신앙만이 참이기 때문에 진실로 인간을 구원할 수 있는 종교는 오직 자신의 종교뿐이다.[51]

그러나 탈 현대의 포스트모던주의는 획일화를 거부하고 다원가치와 상대주의를 추구한다. 배타주의는 이러한 현대 사조와 평화적 공존이라는 절체절명(絶體絶命)의 전제 앞에서 양식 있는 지성들에 의해 외면 당하고 있다.[52]

---

48) 요하힘 바하 지음, 김종서 옮김, 앞의 책, 45쪽 참고.
49) H. 키워드 저, 한국종교학회 역, 앞의 책, 211쪽 참고.
50) 교양교재편찬위원회 편, 『불교와 인간』 동국대학교 출판부, 1998, 5쪽 참고.
51) 불교교재편찬위원회, 앞의 책, 393쪽 참조.
52) 불교교재편찬위원회, 앞의 책, 394쪽 참조.

(2) 포괄주의

자신의 종교가 다른 모든 종교들을 예외 없이 포괄하고 있다고 주장하는 태도를 말한다. 포괄주의는 일단 다른 종교들을 송두리째 무시하지 않는다는 점에서 배타주의와 다르다. 이 입장은 다른 종교를 어느 정도 인정한다. 다른 종교의 가르침에도 어느 정도 참된 요소가 있다고 믿는 것이다. 그러나 그러한 부분적인 참의 요소는 전체적으로 완전한 자신의 종교와 타종교를 우열 관계로 파악한다. 자신의 종교야말로 최고의 진리요 최종적인 진리인 것이다.[53]

포괄주의는 타종교로부터 배울 것이 있다는 생각은 결코 하지 않는다.[54] 자신의 종교가 궁극적 진리이기 때문이다. 어느 정도 개방적 태도를 지향하는 듯하지만 그 개방적 태도는 자기 개방성이 아니라 타종교를 자기 종교로 흡수 통합하고자 하는 전략적 개방이라고 할 수 있다.[55]

(3) 상대주의

타종교를 '동등하게' 인정하지 않는 포괄주의와 달리 상대주의는 모든 종교의 동등성을 솔직하고 분명하게 인정한다. 독일의 신학자 에른스트 트뢸취(Ernst Troeltsch)는 하느님이 서양을 구원하기 위해서 기독교라는 종교를 주었고, 동양을 구원하기 위해서 불교를 주었다고 주장한다. 그리고 그는 이 두 종교는 시간이 아무

---

53) 불교교재편찬위원회, 앞의 책, 395쪽 참조.
54) H. 키워드 저, 한국종교학회 역, 앞의 책, 42쪽 참고.
55) 불교교재편찬위원회, 앞의 책, 395쪽 참조.

리 지나더라도 포괄주의자들이 생각하는 것처럼 하나로 수렴되지는 않을 것이라고 보았다. 즉, 상대주의는 참 종교가 동시에 여러 개 있을 수도 있다고 여기는 것이다. 상대주의는 서로의 신앙을 철저히 인정한다.[56] 그러므로 상대주의는 단연코 개종주의를 배격한다. 타종교인을 교화시키고자 하는 선교의 필요를 느끼지 못하는 것이다. 다만 비종교인을 종교인으로 교화시킬 필요는 인정한다. 이는 종교적으로 철두철미한 상호존중과 평화공존의 입장을 취한다. 이 상대주의는 매우 지성적이고 양심적이며 자기 개방에 적극적인 듯이 보인다. 그러나 어찌 보면 상대주의 역시 철저한 자기 폐쇄성에 갇혀 있다고 할 수 있다.[57]

상대주의는 서로 동등하게 인정코자 함으로써 '너는 너대로, 나는 나대로'의 태도를 갖게 될 것이다. 상대주의는 나는 내가 옳다고 여기는 대로 살아갈 터이니 너는 네가 옳다고 여기는 대로 살아가면 그 뿐이라는 태도가 된다. '너는 너대로, 나는 나대로'의 상대주의적인 태도는 불행한 타자에 대한 방관일 수밖에 없다. 상대주의는 나는 나대로 행하고 너는 너대로 알아서 행복하라는 태도이다. 즉, 상대주의는 타종교의 신자들에 대한 적극적인 애정을 갖지 않는다.[58]

(4) 다원주의

다원주의는 다종교 상황을 철저하게 인정하고자 한다는 점에서

---

56) H. 키워드 저, 한국종교학회 역, 앞의 책, 43쪽 참고.
57) 불교교재편찬위원회, 앞의 책, 395쪽 참고.
58) 불교교재편찬위원회, 앞의 책, 396쪽 참고.

기본적으로 상대주의와 비슷하다. 이들의 입장은 다양하여 그 성격을 한마디로 정확하게 규정하는 것은 쉽지 않다. 배타주의와 포괄주의는 참종교란 완전한 종교를 참으로 인정한다. 특히 다원주의는 다양한 종교 전통들이 상호간 자기 존중에 바탕하여 다양성에도 불구하고 다수의 참종교를 인정한다는 점에서 자신의 이름을 얻었다.[59]

다원주의는 ① 진리를 향해 진지하고 정직한 자기 개방을 추구한다. ② 타종교의 신자들에 대한 진지한 이해를 포기하지 않는다. 이러한 목적을 위해 동원하는 방법이 바로 다름 아닌 대화이다. 다원주의자들은 대화라는 방법이 그러한 목적을 성취시켜 줄 것이라고 믿는다. 배타주의, 포괄주의, 상대주의는 대화를 필요로 하지 않는다. 다원주의는 진리에 대한 정직하고 개방적인 태도를 바탕으로 타종교와의 대화를 통하여 자신에 대한 이해와 쇄신을 도모한다.[60] 다원주의는 대화를 도모할 수 있다고 믿는 것이다. 즉, 다원주의는 대화를 통한 상호 변혁과 쇄신을 추구한다. 그리고 그 상호 변혁과 쇄신의 과정에서 서로가 다같이 공유할 수 있는 진리를 발견할 수 있기를 기대하는 것이다.[61]

3) 종교간의 대화
(1) 대화의 불가피성

종교인은 물론 종교에 관심을 갖는 사람이라면 다종교 사회가

---

59) H. 키워드 저, 한국종교학회 역, 앞의 책, 31쪽 ; 불교교재편찬위원회, 앞의 책, 396쪽 참고.
60) H. 키워드 저, 한국종교학회 역, 앞의 책, 32쪽 참고.
61) 불교교재편찬위원회, 앞의 책, 397쪽 참고.

드러내는 종교간의 긴장과 갈등, 알력과 분쟁의 문제를 결코 방치하거나 도외시할 수 없다. 신앙이 다르다는 이유 하나 때문에 조상 대대로 물려 내린 세계적인 유산을 한 줌의 재로 태워 버리도록 놓아 둘 수는 없는 것이다. 또 신앙이 다르다는 이유로 하루에도 수백 명씩 죽이고 죽어야만 하는 지구촌의 현실은 남의 일이 아닌 것이다. 다원주의는 다종교 사회가 드러내는 문제들을 종교간의 대화로써 대처하고자 한다고 했다. 우리는 이제 여기서 종교간의 대화가 갖는 불가피성과 필연성에 대해 이해를 시도할 필요가 있다.[62]

종교간의 대화를 할 수밖에 없는 첫 번째 분명한 이유는 신앙이 서로 달라도 평화롭게 공존하는 길을 모색할 수밖에 없다는 사실이다.[63] 평화의 공존이야말로 우리가 풀어야 할 절체절명(絕體絕命)의 대전제이다. 평화로운 공존은 분명 대화를 불가피하게 만드는 이유이다.[64]

(2) 대화의 종교 자체적 필연성

다원주의가 추구하는 종교간의 대화의 고민은 자기 자신의 신앙에 절대적으로 헌신하면서도 타종교를 향해 어떻게 동시에 진지하고 정직한 대화에 임할 수 있느냐는 문제라고 했다. 종교는 자신의 신앙에 절대적 헌신을 요구한다는 점에서 보면 타종교를 향한 대화의 시도는 전략적 위장이기 쉽다. 열성적 종교인일수록

---

62) 불교교재편찬위원회, 앞의 책, 398쪽 참조.
63) H. 키워드 저, 한국종교학회 역, 앞의 책, 200쪽 참고.
64) 불교교재편찬위원회, 앞의 책, 398쪽 참조.

자신의 신앙을 타종교인에게 관철시키려는 목적으로 대화에 임할 가능성이 높다. 즉, 어떤 종교가 자기 완결성을 고집하는 한, 타종교를 향한 어떠한 대화의 시도도 전략일 수밖에 없다. 이 때의 대화의 목적은 설득이나 교화이다.[65]

진정한 대화가 되기 위해서는 무엇보다도 먼저 정직한 자기 개방이 필요하다. 자신의 발전 가능성 인정이란 어느 정도의 자기 부정을 내포한다. 그러므로 자기 부정은 정직하고 진지한 종교간의 대화에 절대적으로 필요한 대전제인 것이다.[66] 즉, 전략적인 대화의 목적은 설득이나 교화이지만, 정직하고 진지한 대화의 궁극적 목적은 자기 쇄신인 것이다.[67]

(3) 종교간의 대화를 임하는 기본 자세

최근에 여러 종교인들 사이의 대화를 촉진시킬 목적으로 여러 회의가 개최되었다. 이러한 회의에 참석하는 사람들은 종교연구에 관심을 지니고 있는 사람들이다. 따라서 이들은 많은 지식의 소유자들이고 또한 일반적으로 다른 종교를 신봉하는 사람들에게 관용적인 태도를 지니기도 한다.[68]

그러나 진정한 종교인은 자신의 신앙에 성실해야만 하기 때문에 종교간의 대화에서 절대적 전제 조건은 자기 방어이다. 불교는 정직한 자기 개방의 적극적인 성격을 가졌다. 그래서 불교는 종교간의 대화에 임하는 데에 기독교와 달리 별로 어려움이 없어 보인

---

65) 불교교재편찬위원회, 앞의 책, 399-400쪽 참조.
66) H. 키워드 저, 한국종교학회 역, 앞의 책, 225쪽 참고.
67) 불교교재편찬위원회, 앞의 책, 399-400쪽 참조.
68) 그레이슨 지음, 강돈구 역, 앞의 책, 355-356쪽 참고.

다. 다른 종교와의 대화를 임하는 자세는 다음과 같다.

① 자기 신앙에 대한 철저한 확신이 필요하다.

② 개방정신이 필요하다

③ 대화의 목적을 자신의 변혁과 쇄신, 즉 배움에 두어야 한다.

④ 상대의 신앙을 공감적으로 이해하려는 노력이 필요하다.

⑤ 진리 추구에 끝까지 성실해야 한다.

⑥ 대화에 임하는 당사자간의 인간적인 신뢰와 유대감이 요구된다.[69]

다 종교 사회는 기회인 동시에 위기이다. 다종교 사회를 기회로 삼을 것이냐 위기로 만들 것이냐는 순전히 종교인들의 손에 달려 있다. 만일 이것을 기회로 삼는다면 그것은 종교인들만의 기회로 그치지 않을 것이다.[70] 그것은 결국 현대사회의 공존과 공영의 모범이 될 것이다. 그 기회가 불자들의 손에 주어져 있다.[71]

4) 불교와 타종교의 특징

(1) 불교의 특징

① 불교는 인간적인 종교(人本主義宗敎)이다.

불교는 인간이란 어떤 존재이며, 어떻게 살아야 하는가를 가르치고 있다. 부처님은 우리와 같은 미완의 중생이었다. 그러나 그분은 6년동안 수행해서 깨달음을 얻었다. 깨달은 인간(覺者)은 신보다 위대하다.[72]

---

69) 불교교재편찬위원회, 앞의 책, 410-411쪽 참조.
70) H. 키워드 저, 한국종교학회 역, 앞의 책, 200쪽 참고.
71) 불교교재편찬위원회, 앞의 책, 410-411쪽 참조.
72) 교양교재편찬위원회 편, 앞의 책, 16-18쪽 참고

② 불교는 깨달음의 종교이다.

불교는 누구나 부처님의 가르침을 믿고(信) 배우고(解) 실천하면(行) 깨달음을 얻을 수 있다(證)고 가르치고 있다.

③ 불교는 자력적인 종교이다.

깨달음을 얻는 방법을 스스로의 힘(自力)에 의해야 한다고 불교에서는 가르치고 있다. 부처님께서는 인간이 의지할 수 있는 것은 법과 자기 자신뿐이라고 말씀하셨다.

④ 불교는 현실적인 종교이다.

흔히들 종교는 내세만을 앞세우고 천국이나 지옥을 내세운다. 불교는 인간의 현실문제 즉, 인간이 당면한 괴로움을 문제삼아 이의 해결에 주력하고 있다. 그러므로 불교는 현실적인 문제를 해결하는 종교라고 할 수 있다.

⑤ 불교는 관용의 종교이다.

서양의 종교인 기독교도 사랑과 평화를 이야기하지 않는 것은 아니지만 성경 자체가 가지고 있는 배타성을 극복할 수가 없다. 서양의 역사는 곧 기독교 역사이며 기독교 역사는 피의 역사, 정복의 역사라고 할 수 있다. 그러나 불교는 인류역사상 종교문제로 한 번도 싸운 일이 없다. 그러므로 불교는 관용의 종교라고 할 수 있다.

⑥ 불교는 합리적이고 과학적인 종교이다.

현대과학이 발달함에 따라 과거 허무맹랑하게 들려졌던 불교의 교리가 점차 과학적으로 증명되고 있다. 오늘날 서구인들이 불교에 관심을 가지게 된 것은 불교의 교리가 과학적이고 합리적이기 때문이다.

(2) 불교와 타종교

앞에서 살펴본 바와 같이 불교와 타종교의 특징을 비교하면 표

〈불교와 타종교 비교〉

	불 교	기 독 교	유 교	이 슬 람 교
발생지	인 도 (농경의 종교)	팔레스타인 (사막의 종교)	중 국 (농경의 종교)	아라비아 반도 (사막의 종교)
교 주	석가모니 (B.C. 624-544)	예 수 (B.C. 5-A.D. 27)	공 자 (B.C. 551-476)	마호메트 (A.D. 570-632)
경 전	경, 율, 논의 팔만대장경	구약성서 39권 신약성서 27권	사서오경	코란 114장
교 리	연기법, 사성제, 삼법인	신본주의	인(仁),의(義),예(禮) 지(智),신(信)	육신오행 (六身五行)
궁극적 목적	성찰과 깨달음	신의 구원	인간 본성의 도야 (보편선(普遍善))	알라에게 순종
타종교에 대한태도	개방적·관용적	폐쇄적 (개종주의,성전주의)	개 방 적	폐쇄적 성전주의
인간의 개념	불성을 가진 존재	죄지은 자 (원죄)	어진 사람	복종하는 사람
정신관	자 비 (동체대비)73)	사 랑 황금율74)	선악을 구별할 줄 아는 사랑	종교안의 사랑75)
설법기간	45년	4년	28년	20년
신의개념	부처님이 깨달은 진리(法) 자력종교	유일신 (하나님) 타력종교	자력종교	창조자 타력종교
교 세	중앙·동북· 동남아시아, 최근에 서양까지	전 세계적 약 15억	동북·동남아시아	중동을 중심으로 약 10억

---

73) 불교의 사랑은 세상 모든 존재를 자신과 한 몸으로 여기는 것이다.
74) 기독교의 사랑은 자신이 받고 싶은 그대로 남에게 먼저 해 주는 것이다.
75) 이슬람교의 사랑은 "한 손에 코란 한손에 칼"이란 말처럼 자신의 종교와 같은 사람을 사랑한다.

와 같다.

표에서 살펴본 바와 같이 종교는 발생한 지역적 특징에 많은 영향을 받고 있음을 알 수 있다. 농경생활을 중심으로 생겨난 불교와 유교의 특징이 많은 부분 일맥상통하고 있으며, 사막을 중심으로 발생한 기독교와 이슬람교의 특징이 비슷하게 나타나고 있다. 결론적으로 종교는 지역이나 환경에 따라서 살아가는 인간의 생활과 밀접한 관계를 가지면서 발생하여, 그 사상이 정립되어졌다는 사실을 발견하게 된다. 이러한 각 종교의 특성을 이해하지 못한다면 결코 종교간의 대화는 이루어질 수 없으며, 종교간의 긴장과 갈등 그리고 알력과 분쟁의 문제는 해결될 수 없는 것이다.

제7절_ 절대신·하느님·우상 등에 대한 제언

1) 절대신은 존재하는가?

중세유럽은 기독교가 지배하던 신본주의 사회였다. 신(하나님)이 천지와 인간을 창조하였으므로 피조물인 인간은 하나님을 찬양하다가 죽어서 하나님 곁(천국)으로 돌아가는 것이 삶의 가치요, 목표였다. 그렇기 때문에 중세 때에는 기독교 교리에 배치되는 여하한 사상이나 학문은 발달할 수가 없었고 새로운 사상이나 과학적 이론을 주장하다가는 종교 재판에 회부되어 처형되었는데, 무려 3,000여명이 넘었다고 한다. 사랑을 부르짖는 기독교가 얼마나 독선적·배타적인가를 알 수 있다.

이러한 중세사회가 무너진 것은 아이러니가 아닐 수 없다. 11세기 중엽에 기독교인들의 성지인 예루살렘을 셀주크투르크족이 차지하고 순례자들을 박해하자 교황 우르반 2세가 성지회복을 이유로 십자군을 조직하여 1096년부터 1270년까지의 약 200년간 10여 차례에 걸쳐 성지회복을 시도하였으나 끝내 실패하고 말았다. 십자군 전쟁의 실패로 인해 신의 존재에 대한 회의와 함께 로마교황의 권위가 땅에 떨어졌으며 봉건지주 계급이 몰락하게 되었다. 따라서 상대적으로 왕권은 강화되었으며 르네상스·종교개혁이 일어나는 등의 사회변화가 일어나게 되었다.

르네상스란 기독교에 의하여 단절되었던 그리스·로마문화의 부활을 의미한다. 르네상스로 인해 새로운 인간관과 자연관이 탄생하게 되었는데 이를 '인간과 세계의 발견'이라고도 하며 서양 근대문화의 출발점이 되었다.

르네상스 이후 자연에 대한 새로운 태도와 자유로운 탐구정신은 새로운 사상과 학문, 과학을 낳아 획기적인 발전을 하게 되었는데 중세 이후 인류 역사에 빛을 남긴 사람은 대부분 반기독교인이었다. 그 예로 코페르니쿠스(Copernicus. N, 1473~1543, 폴란드)는 지동설(地動說)을, 다아윈(Darwin. C. R, 1809~1882, 영국)은 진화론(進化論)을, 프로이트(Freud. S, 1856~1939, 오스트리아)는 정신분석학(精神分析學)을 내세웠는데 이는 기독교적인 인습에 젖어 있던 사람들에게 큰 충격을 안겨 주었다. 이것을 근세 인류에게 던져준 '3대 충격'이라 한다.

신의 존재에 대해서 실존주의 철학자 니이체(Nietzsche. F. W, 1844~1900, 독일)는 '신은 죽었다'고 했으며, 러셀(Russell. B. A, 1872~1970, 영국)은 그의 저서 「나는 왜 기독교인이 아닌가」에서 "이 세상은 신이 만들었다면 하나의 문제(창조의 문제)는 해결된다. 그러나 더 큰 문제가 남게된다. 즉 그 신은 누가 만들었느

냐의 문제이다. 그러므로 이는 근본적인 해답이 될 수 없다"고 신의 존재를 부정하였다.

몇 해 전 런던에서 열린 세계과학자 대회에서 저명한 과학자 및 신부, 목사, 신학자들이 참석하여 성명을 발표하였는데 그것을 요약하면 다음과 같다. "지금과 같은 우주과학 시대에는 신(神)을 전제로 하는 종교는 더 이상 존속할 수가 없다. 왜냐하면 일반 종교에서 말하는 신은 허위이기 때문이다. 그러면 어떠한 종교가 앞으로 존속할 수 있는가? 불교와 같이 신을 전제로 하지 않는 종교만이 존속될 수 있을 것이다."라고 중대선언을 했다. 신이란 존재하는 것이 아니라 인간이 필요에 의해서 신을 창조한 것이다. 즉 신이 인간을 창조한 것이 아니라 인간이 신을 창조한 것이다. 따라서 이제 그러한 신은 과학의 발달과 함께 점차 설 자리를 잃어가고 있는 것이다.

자연과학에서 진화론이 주장된 이후로 서양 철학에서는 진화론에 찬성한 학자가 대부분이다. 그러나 진화론이란 말은 우주(宇宙)의 원리를 올바르게 파악하지 못한 단견이다. 우주의 삼라만상은 시절 인연 따라 물 흐르듯 변화할 뿐 진화하지 않는다. 만물이 진화한다면 그 본성도 변한다고 할 수 있다. 본성이 변하면 우주의 섭리도 변해야 한다. 하지만 우주의 원리는 불변이며 현상적으로 겉모양만이 변화한다. 그 본체를 알고 보면 변화하는 것이 아닌 것이다. 따라서 진화론이란 타당한 논리가 아니다.

2) 하느님이란?

이제 인류의 과학 문명은 하느님의 실존 여부에는 흥미조차 없게 되었다. 하느님이란 인간이 스스로 만든 말이기 때문이다. 우리는 하느님에 대한 개념을 아무 정의 없이 쉽게 받아들이는데, '하느님'이란 말은 처음 어떻게 나올 수 있었을까? 종교학자들은 세 가지로 정리하고 있다.

첫째, 자연의 지배력(支配力)이다. 원시시대에는 자연이 인간을 지배한다고 보았는데, 즉 자연이 주가 되고 인간은 종이 되며 자연의 우두머리를 태양이라고 보았다. 둘째, 영혼불멸(靈魂不滅) 사상이다. 원시시대에는 모든 물질 즉, 산천초목에도 영혼이 있다고 믿었는데 이것이 애니미즘(animism) 사상이다. 모든 것에는 신성(神性)이 있다고 보았으며 태양도 마찬가지였다. 셋째, 지배윤리(支配倫理)이다. 원시시대에는 지배자와 피지배자가 뚜렷했다. 즉, 지배자의 윤리는 간단해서 강한자가 약한 자를 지배하는 것인데 태양이 가장 큰 지배력을 가졌다고 보았다.

결국 자연의 우두머리인 태양은 영원한 지배력을 가진 영혼 있는 존재라고 생각했다. 즉 태양은 하늘에 오직 하나 있는 님으로 생각되어지면서 태양은 잊혀지고 유일신만 남게 되었다. 또 태양은 하늘에 있는 님이므로 하느님이 된 것이다. 하나님, 하늘님, 하느님, 여호와, 옥황상제, 유일신, 신 등은 비슷한 말들이다.

3) 우상(偶像), 기복(祈福), 미신(迷信)

흔히 우상이니, 기복이니, 미신이니 하는 말을 쓴다. 한자를 그대로 해석해 보면, 우상이란 없는 것을 있다고 믿고 내세우는 거짓된 상을 말하며, 기복은 사람이 각자 정성을 다해서 행위함으로써 복을 바라는 것을 뜻하며, 미신은 믿지 않아도 될 것을 잘못 믿는 것을 의미한다. 그러나 이 말들은 서양식 사고방식으로 서양종교가 우월하다는 논리에 젖어 있는 사람들이 만든 말로써 그 전에는 전혀 쓰여지지 않던 새로운 용어들이다. 형상 있는 것을 경건하게 생각해서 우상이라 한다면 태극기, 이순신장군, 백범 김구선생님, 조상의 사진 등은 왜 우러러보는가? 소박한 바램이 기복이면 희망이 어찌 있겠는가? Merry Christmas and Happy New Year(새해 복 많이 받으세요)는 누가 만든 말인가? 남의 종교를 비방하면서 복을 바라는 자들은 도대체 어떤 존재인가? 존재하지도 않는 절대신을 존재한다고 믿는 사람들이야말로 진짜 미신을 하고 있는 자들이다.

조성된 부처님께 절하고 예경하고 기도함으로써 생명의 참 부처님을 바로 알게 되는 것이며, 그 이면에 숨겨진 부처님의 가르침을 잘 믿고 실천하며 그 공덕을 찬탄할 때 부처님은 우리들의 큰 희망이며 의지처가 되는 것이다.

제15장

재가불자의식

제1절 법당에서
제2절 가정에서

제15장

재가불자의식

 절에 다니는 불자가 법당에서나 혹은 가정에서 의식을 어떻게 해야 할지 난감해 할 때가 많다. 세세한 것을 여기에 다 수록하지 못하고 재가불자들이 꼭 알아야 될 아주 기본이 되는 의식에 대해서만 간략하게 소개하고자 한다. 스님들과 함께 하거나 혼자서라도 해야 할 분위기가 되면 하는 것이 옳다.

제1절_ 법당에서

1) 예불(禮佛)
 아침저녁으로 부처님께 드리는 문안인사며 사찰에서의 가장 기본적인 의식이다.

---

1) 김길원 편저, 『불자예절과 의식』 불광출판부, 1996, 188쪽 참고.

(1) 절차

아　　침	저　　녁
다　게(茶　偈)	오분향례(五分香禮)
칠 정 례(七 頂 禮)	칠 정 례(七 頂 禮)
행선축원(行禪祝願)	
반야심경(般若心經)	반야심경(般若心經)

① 다게(茶偈) : 청정수를 공양하는 예경문[1]
② 오분향례 : 오분법신향례(五分法身香禮), 즉 부처님에게 향(香)을 공양하고 예를 올리는 것을 말한다.[2]
③ 칠정례 : 예불 진행 가운데 7번 절을 하도록 되어 있어 이를 칠정례라 한다.[3]
④ 행선축원 : 서원을 세우고 이를 반드시 실현하겠다는 다짐의 식이다. 내용은 개인 수행발원과 나라의 안정과 만민의 안녕을 비는 축원의 두 가지 성격이다.[4]

(2) 방법

도량석(道場釋) 또는 종성(鐘聲)이 시작되면, 스님의 목탁에 맞춰서 동참한다. 법당에서는 잡담을 일체 금하며 촛불을 켜고 향을 사른다. 아침에는 다기물도 올린다. 절을 하거나 기도중인 불자라도 일단 예불이 시작되면 개인 행동을 멈추고 함께 동참해야 한다.

---

2) 정각 지음, 『예불』, 봉은사출판부, 1994, 86쪽 참고.
3) 정각 지음, 앞의 책, 45쪽 참고.
4) 대한불교조계종 포교원 저, 『통일법요집』, 대한불교조계종, 1998, 58쪽 참고.

① 도량석 : 새벽예불에 앞서 법당 및 사찰 주위를 돌면서 행하는 의식으로 잠들어 있는 일체 생명체들이 법음(法音)을 듣고 미망에서 깨어 나라는 뜻이며 천수경이나 법성게, 발원문, 신심명 등을 암송한다.

② 종성 : 사찰에서 대중을 모으거나 때를 알리기 위해 치던 것인데 주로 조석 예불이나 의식에서 친다. 종성은 도량석이 끝나면 아침에는 28번 저녁에는 33번 친다.

2) 사시마지

사시마지(巳時摩旨)란 사시에 부처님께 올리는 공양이다. 부처님은 사시(巳時), 즉 오전 9시 30분에서 11시 30분 사이에 하루 한 번 공양(일종식(一種食))을 드셨으므로 후일 부처님 제자들은 이 시간을 맞추고 있다.

(1) 절차[5]

① 보례진언(普禮眞言) : 예를 드리는 진언이다.
② 천수경(千手經)
③ 거불(擧佛) : 거량불보살(擧揚佛菩薩)의 준말로 불보살의 명호를 외우면서 찬탄, 삼보의 강림을 청하는 것이다.
④ 보소청진언(普召請眞言) : 불보살님을 청하여 권하는 것이다.
⑤ 유치(由致) : 청하는 까닭을 아뢰는 것이다.
⑥ 청사(請辭) : 공양 받으심을 청하는 것이다.
⑦ 가영(歌詠) : 부처님을 찬탄하는 것이다.
⑧ 헌좌진언(獻座眞言) : 보리좌에 앉으실 것을 권하는 것이다.

---

5) 대한불교조계종 포교원 저, 앞의 책, 69-96쪽 참고.

⑨ 정법계진언(淨法界眞言) : 법계를 깨끗이 하는 진언이다.
⑩ 공양게(供養偈) : 공양을 올리면서 하는 게송이다.
⑪ 진언권공(眞言勸供) : 불보살님께 불공을 올릴 때 진언으로써 공양을 권하는 것이다.
⑫ 사다라니(四陀羅尼) : 음식공양이 원만히 성취되기 위하여 불보살의 특별한 가호를 기대하면서 외우는 4가지 진언이다.
  ㉠ 변식진언(變食眞言) : 부처님의 자재한 위덕과 묘력으로 음식이 갖가지로 변하게 되기를 원하는 진언이다.
  ㉡ 시감로수진언(施甘露水眞言) : 음료수를 감로수로 되게 하는 진언이다.
  ㉢ 일자수륜관진언(一字水輪觀眞言) : 음식을 질서 있게, 성향에 따라 먹게 하는 진언이다.
  ㉣ 유해진언(乳海眞言) : 먹은 음식이 소화가 잘되어 젖처럼 되게 하는 진언이다.
⑬ 칠정례공양(七頂禮供養) : 7번 정수리를 드러내어 예를 올리면서 공양드린다.
⑭ 사대진언(四大眞言)
  ㉠ 보공양진언(普供養眞言) : 널리 공양을 들도록 권하는 진언이다.
  ㉡ 보회향진언(普回向眞言) : 다 잡수셨는지 여쭈어 확인하는 진언이다.
  ㉢ 원성취진언(願成就眞言) : 원하는 대로 해드리겠다는 진언이다.
  ㉣ 보궐진언(補闕眞言) : 부족한 것이 없는지 여쭙는 진언이다.
⑮ 탄백(嘆白) : 부처님의 위신력을 우러러 찬탄하는 게송이다.

⑯ 기도(祈禱)·정근(精勤) : 시간이 허락하는 대로 석가모니불, 관세음보살, 지장보살 등을 부지런히 염송한다.
⑰ 축원(祝願) : 가피가 계시기를 부처님께 소원을 말씀드리고 빈다.
⑱ 반야심경 : 신중단으로 퇴공하고 반야심경을 독송한다.

예불 보통 아침·저녁으로 부처님께 올리는 가장 기본적인 예절 의식이다.

(2) 방법

촛불을 밝히고 향을 사른다. 다기물을 올리고 정성스레 마지를 지어 올린다. 다른 공양물을 같이 올리는 경우에는 깨끗하게 해서 올린다. 사시마지 시간에 생일 등의 불공을 드리는 일은 아주 훌륭한 일이다.

(3) 기도의 종류

① 행사(일시, 절기)에 따라서
  ㉠ 정초기도 ㉡ 입춘기도 ㉢ 초파일기도
  ㉣ 백중기도 ㉤ 동지기도
② 목적에 따라서
  ㉠ 수험합격입시기도 ㉡ 진급기도 ㉢ 득남기도
  ㉣ 사업성취기도 ㉤ 쾌차기도 ㉥ 생일기도

③ 일수에 따라서
　㉠ 3일기도 ㉡ 7일기도 ㉢ 3, 7일기도(21일) ㉣ 100일기도
　㉤ 1년기도
④ 대상에 따라서
　㉠ 관음기도 ㉡ 지장기도 ㉢ 신중기도 ㉣ 독성기도
　㉤ 약사여래기도 ㉥ 아미타불기도 ㉦ 석가모니부처님기도
그 외에 기도하고자 하는 원력에 따라서 그 종류는 많다.

3) 천도재(薦度齋)[6]

천도재란 돌아가신 영가를 극락세계로 천도하는 불교식 제사의 식이다. 49재, 100재, 기제사 등이 있으나 49재가 가장 알려져 있는 의식이다. 보통 49일만에 영가가 환생한다고 보기 때문이다.

유교 등의 민속 제사는 단지 영혼을 달래고 음식을 대접하는 데 지나지 않지만, 염불로써 진행되는 불교 천도의식은 부처님의 법문을 들려줌으로써 영가에게 참회와 발원의 마음을 갖도록 하는 데 더 큰 의미가 있다. 그러므로 유족들은 천도재를 지내드림으로써 돌아가신 분에게 마지막 도리를 다하는 것이다. 뿐만 아니라 살아계시는 분들에게는 무엇을 해야 하며 어떻게 살아야 바른 삶인지를 깨우치게 하는 더없이 귀중한 시간이며 돌아가신 분이 살아있는 유족을 위해 마지막으로 남기는 참다운 선물이기도 하다.

(1) 절차 - 스님의 의식 집전에 따라서
　㉠ 상단 : 상단 불공(佛供)을 드린다.

---

6) 대한불교조계종 포교원 저, 앞의 책, 257쪽 참고.

ⓒ 중단 : 상단에서 마지를 거두어 옮기고 중단 불공을 드린다. 반야심경도 독송한다.

ⓒ 하단 : 시식(施食)의 절차에 맞추어 영가의 왕생극락을 발원한다.

시식(施食)은 영가(靈駕)를 천도하여 극락정토에 왕생시키기 위해 재를 올리고 법식을 베풀어 법문을 들려주고 경전을 읽어주며 염불해 주는 의식으로 스님에게 재식(齋食)을 공양하는 것과 아귀에게 음식을 베푸는 의식 등을 말한다.[7]

(2) 방법

미리 스님께 돌아가신 분의 상황을 말씀드리고 의논해서 시다림(尸陀林)이나 장례식에 오실 것을 정중히 말씀드린다. 49재는 보통 7번으로 나누어 천도재가 진행된다. 좀 일찍 오셔서 영단에 놓일 음식과 준비물을 수발해 주는 것이 영가를 위해 좋다. 돈만 드리고 형식적으로 참석한다거나, 음식물에 대해서 시비를 하는 것은 도리가 아니다. 특히 막재에는 관욕(灌浴) 등에 쓰일 용품 등이 필요하므로 의논해서 준비하면 된다. 천도재는 살아계신 분과 돌아가신 분 모두에게 공덕이 되므로 인연 있는 가족 친지가 다 동참함이 원칙이다. 친지 중에 타종교인이 있으면 잘 설득하여 법당 안으로 불러서 함께 정성을 모아서 영가의 왕생극락을 발원한다.

시다림(尸陀林)은 망자를 위하여 장례 전에 행하는 의식이다. 원래 인도의 시타림(Sīta-vana, 寒林)에서 연유한 말로 추운 숲, 시체를 버리는 곳이란 뜻이다. 그 뒤에 뜻이 바뀌어 망자를 위하여

---

7) 金吉祥, 『불교학대사전』, 홍법원, 1998, 506쪽 참고.

염불하고 설법하는 것으로 관습화되었다.[8]

제2절_ 가정에서

1) 가정 예불

가정에서 올리는 예불이다. 스님들이 조석으로 법당에서 부처님께 문안드리듯이 불자들도 집안에 부처님을 모시고 진리의 말씀을 전하신 부처님의 참뜻을 되새기며 가정의 행복과 평안을 찾으면서 법당에서 하는 방식대로 하면 된다.

(1) 절차
① 예불문 : 법당에서와 마찬가지로 아침에는 다게, 저녁에는 오분향례, 그리고 칠정례를 한다.
② 발원문 : 나름대로 가정에 맞는 발원문을 만들어서 낭송하면 된다.
③ 반야심경 : 맨 마지막에 독송하면 된다.

(2) 방법
① 가능한 시간에 전 가족이 동참하면 좋다.
② 가장 넓고 깨끗한 방이나 거실에서 하는 것이 좋다
③ 한문의식도 관계없지만 가능하면 한글로 하는 것이 좋다. 또박또박 읽으면서 하면 된다.

---

8) 金吉祥, 앞의 책, 506쪽 참고.

④발원문을 함께 하기도 하고 가족이 돌아가면서 독송해도 좋다. 가정에 맞게 발원문을 지어서 독송하면 더 이상 좋을 수 없다.
⑤촛불을 켜거나 향을 피우는 것은 상황에 따라 한다. 아침에는 다기물을 올려도 된다.

2) 가정 기도

가정에서 이루어지는 기도를 말한다. 물론 절에서 기도하면 마음이 안정되고 좋은 점이 많겠지만 재가불자로서 하루에 두 번, 세 번 절을 찾는 것은 정말로 힘들다. 백일기도나 칠일기도 등 특별기도를 할 경우에도 사시에 빠지지 않고 참석하는 것만 해도 정말로 훌륭한 일이다. 대신에 가정에서 조석으로 시간을 정해 놓고 기도를 하면 된다. 기도는 자기 마음의 수양과 불보살님의 가피를 입는 값진 행위다. 따라서 기도는 평생을 두고 끊임없이 계속해야 한다.

(1) 절차
① 천수경 : 한문이나 한글로 된 것을 또박또박 읽으면 된다.
② 기도(정근, 주력, 사경, 참선 등) : 자기 근기에 맞는 기도를 선택하여 꾸준히 하면 된다.
③ 발원문 : 필요한 발원문을 만들어서 읽으면 된다.

(2) 방법
촛불을 켜고 향을 사른 후 단정히 앉아 천수경을 읽는다. 잠시 입정에 드는 것도 좋다. 모든 소리나는 음향기기는 끄고 봉독한다. 기도에는 다라니를 외우거나 경전을 읽거나 정근을 하는 여러 가지 방법이 있으나 본인의 취향에 따라서 하면 된다. 만일 기도를 전혀 해보지 않은 초심자가 계시면 처음에는 천수경을 읽고 정근하는 것이 좋다. 그러나 사찰을 찾아 스님들께 자문을 구하고 스님들의 지도에 따라서 하면 훨씬 도움이 된다.

 기도는 시간을 정해놓고 하는 방법과 염주를 돌리면서 하는 방법이 있다. 기도는 특별기간이 아니면 한 가지 기도로 마음을 모으는 것이 좋다. 지장기도, 관음기도, 정근 등 여러 가지를 뒤섞어 하는 것은 좋은 방법이 못된다.

3) 가정제사[9]

 전통적인 제사는 영혼을 위로하는 데 그치지만 불교의 제사는 영가로 하여금 왕생극락케 하는데 목적이 있다.

(1) 절차
① 상을 차리고
② 먼저 제주가 거불(擧佛)과 청혼(請魂 : 혼을 청함)을 한다.
③ 식구들이 차례로 잔을 올린다.
④ 독경
⑤ 헌식(獻食)

 가정제사 의식도 불자라면 불교식으로 하는 것이 바람직하다. 특히 명절에 불교식으로 함으로써 어릴 때부터 자연스럽게 불교생활에 젖도록 함이 부모들의 도리일 것이다. 모든 가족들이 빠짐

---

9) 대한불교조계종 포교원 저, 앞의 책, 521쪽 참고.

없이 동참하도록 하고 젊은이들이 이 제사의식을 경솔하게 하지 않도록 어른들이 잘 교육할 필요가 있다. 살아있는 자와 돌아가신 분 모두에게 좋은 일이기 때문이다.

(2) 방법

첫째, 거불은 제주(祭主)가 혼자한다.

나무극락도사아미타불(3번), 나무관음세지 양대보살(3번), 나무 대성인로왕보살마하살(3번)

둘째, 청혼(請魂)도 제주 혼자서 한다.

원아금차 지극지성 설향봉청제자 거사바세계 남섬부주 해동 대한민국 ○○○도 ○○시 ○○동 ○○○호 거주 장남(또는 제주) 및 가족 누구누구 등 복위 선(先) 자모 ○○○영가 극락왕생발원 지대원

셋째, 수위안좌진언(受位安座眞言)은 다같이 독송한다.

옴마니 군다리 훔 훔 사바하(3번)

구체적인 방법은 다음과 같다.

① 병풍을 치고 위패와 사진을 잘 모시고 음식을 정렬한다. 음식은 특별한 위치가 있는 것은 아니다. 가운데 쪽으로 생전에 영가께서 좋아하던 음식, 귀한 음식을 놓으면 된다. 가능하면 채식으로 차린다. 많이 차리는 것도 좋지만 그것보다 정성껏 손수 만든 음식으로 삼색나물 삼색과일을 기본으로 한다. 술은 정신을 흐리게 하기 때문에 사용하지 않는 것이 바람직하다.

② 먼저 제주가 무릎을 꿇고 향을 사른다. 꿇은 채로 합장하고 불보살님을 모시는 거불(擧佛), 영가를 청하는 청혼(請魂), 영가를 좌정(座定)시키는 수위안좌진언을 제주 혼자 한다.

특별한 가락을 붙이는 것보다 또박또박 정성드려 읽는 것이 좋다.

③ 제주 혼자서 거불 청혼을 하고 나면 전체가 세 번 절한다. 삼보에 귀의하고 귀의케 하여 영가로 하여금 삼업(三業)을 맑게 하기 때문이다.

④ 제주가 꿇어 앉으면 가족 중 한 사람이 시중을 든다. 빈 대접에 준비되어 있는 숟가락은 밥에 꽂고 젓가락은 나물 위에 걸쳐놓는다.

⑤ 옆에서 거드는 사람이 잠시 후 잔을 비우면 다른 가족들이 차례로 잔을 올린다. 방식은 마찬가지로 잔을 올린 후 세 번 절하고 물러난다.

⑥ 식구들이 모두 잔을 올렸으면 제주가 다시 나아가서 국을 내리고 청수에 밥을 조금씩 세 번 떠서 물에 말고 밥 뚜껑을 닫는다. 숟가락 및 젓가락도 청수그릇으로 옮겨놓는다. 이상으로 영가에게 음식공양은 끝난다. 모두 일어서서 삼배를 드리고 조용히 앉아 이제 영가의 왕생극락을 발원하는 독경을 한다. 온 식구가 지극 정성 영가를 위해 법식(法食)을 올리는 것이다.

⑦ 독경은 또박또박 온 식구가 같이 읽으면 된다.

⑧ 독경을 마치고 삼배를 드리고 난 뒤에 위패를 사른다.

⑨ 음식물을 조금씩 떼내어 헌식(獻食)한다.

4) 상을 당했을 때
(1) 절차
① 임종직전 스님을 모시거나 아니면 식구들이 지극 정성으로

아미타불을 외운다.
② 상을 당하면 다니는 사찰에 연락하고 스님과 제반 사항을 상의한다.
③ 장례기간 동안에 식구들은 마음을 경건히 하고 염불을 독경하면서 영가가 마음을 편안히 가지도록 해야 한다.

제상 차리는 법 위패와 사진을 모시고 음식을 정렬한다.

④ 특별한 경우가 아니면 스님은 임종 당일, 입관시, 출상시에 세 번 정도로 모시고 너무 피곤하게 하지 않도록 하는 것이 옳다.
⑤ 스님은 노제(路祭)까지 보아 드리고 장지, 화장장에는 되도록 모시지 않는다.
⑥ 장지에서는 식구들이 무상게, 법성게, 광명진언, 보궐진언, 보회향진언등을 독송하고 왕생 발원한다. 시간이 나면 아미타불정근도 한다.
⑦ 사진과 위패를 모시고 절에 와서 반혼제(返魂祭)를 지내고 영단이나 지장전에 모신다.
⑧ 추후 49재 등을 봉행하면 된다.

그리고 상을 당했을 경우 주의 사항은 다음과 같다.
① 마음을 불안하게 갖지 말고 영가가 편안한 곳에 가시도록 좋은 말만 하며 언쟁하지 말아야 한다.
② 특히 영가의 좋은 점만 말하고 나쁜 말은 하지 않는다.
③ 상중에 육류는 너무 많이 쓰지 않으며 가능하면 채소류, 청량

음료를 사용하여 정갈하게 하는 것이 좋다.
④스님을 모셨을 경우에 공양을 별도로 대접한다. 조문객과 함께 육류를 대접해서는 안 된다. 특히 의식을 집전하고 계실 때에는 방해되지 않도록 고려해야 한다.
⑤스님께 소홀히 해서는 안 된다. 가능하면 모셔오고 모셔드리는 것이 예의에 맞다.
⑥스님께서 의식하는 동안에는 모두 동참하여 마음을 모은다. 그렇게 하는 것이 살아있는 자와 돌아가신 분 모두에게 좋다.

5) 상문 갔을 때
먼저 상주와 인사를 나눈다. 신도 여럿이 문상을 갔을 경우에는 독경을 해드리는 것이 좋다. 상주에게 양해를 구하고 복잡한 시간을 피해서 독경하고 만일 스님이 시다림에 오셨을 경우에는 스님의 의식에 따라 같이 하면 된다.
독경은 시간이 없을 경우에는 법성게나 무상게를 해드리고 시간이 넉넉하면 아미타경이나 금강경을 독송하여 영가가 깨우침을 얻도록 해드리는 것이 좋다.

6) 즉석의식
생일, 이사, 개업, 문병 갔을 때, 수십 명이 함께 공양할 때, 모임에 회원이 새로 들어올 때, 모임의 등산 등의 활동시에 한다.

(1) 절차
①발원문을 정성껏 한 사람 내지 모두가 읽도록 한다. (발원문은 그때 상황에 맞게 자기가 만들어 쓰는 것이 좋다)

② 반야심경을 독송할 수 있으면 좋다.

(2) 방법

　너무 지루한 감을 주지 않도록 유의해야 하며 산뜻하면서도 불교적 느낌이 드러나도록 함이 좋다. 사회자가 분위기에 따라서 조절한다.

제 16 장

참선

제1절 선의 의의
제2절 선의 기원과 유형
제3절 선의 본질
제4절 참선의 방법
제5절 선의 효과
제6절 선의 단계
제7절 선의 기본법식과 3요소
제8절 좌선의 마침과 선체조

제16장

참 선

제1절 _ 선의 의의

선이란 범어로 드야나(Dhyana)를 음사해서 한자로 선나(禪那), 다시 줄여서 선(禪)이라 한다.

그 뜻은 고요히 생각함(靜), 생각으로 닦음(思惟修), 산란한 마음을 고요히 가라앉혀 정신을 집중시킴(定), 음과 뜻을 합해서 선정(禪定)이라고도 한다.

이 선은 정신적 빈곤에 시달리는 서양인들에게 관심의 대상이 되고 있는데 일본 발음에 가까운 젠(zen)이란 말로 보편화되어 있다. 선은 B.C. 3000년경, 인더스 문명(Indus-civilization)의 유적지 모헨조다로(Mohen-jodaro)에서 출토된 유물인 인장(印章) 등에 새겨진 요가의 좌선상(坐禪像)에서 알 수 있는 것처럼, 불교 이전에도 인도 수행자들 사이에서 요가(瑤加, Yoga)란 이름으로 있어 왔다. 요가는 범신(梵神)의 본성과 일체화됨으로써 하늘에 나는 데 목적이 있다. 아울러 명상(瞑想)은 신비의 체험을 목적으로 하고 있다. 이들이 불교의 선과 근본적으로 다른 점은 목적에 있어서 달랐다. 선은 산란한 마음을 고요히 가라앉히고 진리를 직관하여

지혜를 얻어 해탈, 대자유를 얻는 데 목적이 있다. 부처님께서 수정주의와 고행주의를 포기하고 중도적 수행을 택했던 것은 이와 같은 사실과 깊은 관계를 갖고 있다. 진리 곧 존재의 실상과 하나가 되는 것이다.[1]

선(禪)은 '보일 시(示)+홑 단(單)'이다. 어느 하나에 정신을 집중하여 깨우침을 얻는 것이다. 그래서 후일 화두(話頭)라는 숙제를 통해 이 문제를 해결하려는 방법이 생겼다. 더욱 생활 속에서 선이 활용되면서 그림선, 운동선 등의 말이 나오면서 현대인들 사이에 큰 매력으로 부상하게 되었다. 이런 것들은 선을 하면서 얻어지는 효과의 다른 응용이라고 보면 된다.

참선(參禪)이란? "첫째는 선 하는데 참여한다는 뜻이 있고, 둘째는 참례선지식(參禮善知識)하여 문선(問禪)한다"고 하여 이 말을 줄여서 '참선'이라 한다. 선을 행하다가 의심나는 점이 있으면 곧 선지식을 찾아 묻는다. 석가모니 부처님께서 보리수 아래서 고락의 극단을 피하고 중도의 깨달음을 성취하신 수행법이다. 또한 부처님께서는 선을 4선으로 나누어 차제적 수행단계로 설명하셨다.

제2절_ 선의 기원과 유형(類型)

선은 크게 세 가지 유형으로 구분한다. 하나는 인도선이다. 두 번째는 중국선인데 중국선은 법화종 계통에서 하는 천태선과 달마선사(達摩禪師) 이후의 달마선으로 나누어진다. 그러므로 오늘날

---

1) 정성본 저, 『선불교란 무엇인가』 삼원사, 1995, 6-8쪽 참고.

선의 전체적 유형은 인도선, 천태선, 달마선으로 구분하고 있다.

1) 인도선

인도선은 기원이 요가(yoga)에서부터 찾아진다. 요가는 인도 고유의 수련법으로서 석가모니 부처님 이전부터 있었던 것이다. 불교의 선과 요가의 다른 점은 요가는 생천(生天)을, 선은 해탈(解脫)을 도모하는 데 있다. 인도선에서는 수식관(數息觀), 부정관(不淨觀), 백골관(白骨觀) 등이 있다. 수식관(비파싸나, Vipasvana)은 좌선하는 자세로 자신의 호흡을 세는 데에 집중하여 마음의 산란함을 방지하는 관법이다. 부정관은 육신의 부정한 모양을 관하여 탐욕을 다스리는 관법이며, 백골관은 인간의 백골을 관하여 집착을 없애는 관법이다.

불교의 궁극적 목적은 성불이다. 성불을 하기 위해서는 인간의 현재상태를 바로 응시하여야 한다. 불교는 인간의 현 상태를 온갖 번뇌에 얽힌 존재라고 보며 번뇌는 성불을 실천하는 사람들을 한없이 방해한다고 보았다. 따라서 수행(修行)이란 한없는 번뇌, 망상을 응시하여 그것을 극복하는 길이라 하겠다.

2) 천태선

천태선은 중국에 와서 천태 지자대사(智者大師, 538~597)가 세운 법화종에서 강조되었다. 천태선은 법화경을 비롯한 대승 교리가 그 내용이 되고, 방법에 있어서는 인도의 요가 수련법을 그대로 형식상으로 옮겨와서 이루어졌다. 이리하여 천태선은 법화경 사상과 인도의 요가 형식이 한데 어우러져서 이루어졌다고 말할 수 있다.

천태선에서는 지관법(止觀法)을 쓰고 있다. 즉 마음을 거두어 망념을 쉬고 마음을 한 곳에 집중하여 깊은 진리와 마음의 세계를 관조(觀照)하는 것이다.

3) 달마선

달마선의 기원에 있어서는 전통적인 견해와 학술적인 입장으로 크게 나뉘어져 있다. 전통적인 견해에 의하면 부처님의 삼처전심(三處傳心)이 달마선의 기원이라고 본다

부처님께서 한 번은 다자탑 앞에서 법을 설하고 계셨는데 가섭존자가 늦게 왔다. 가섭존자가 자리가 없어서 앉지 못하고 있을 때, 석가모니 부처님께서 아무말없이 앉아 계시는 자리의 반을 내어 주자 가섭이 아무말없이 앉았다. 이와 같이 제자에게 자리를 물려주고 같이 앉은 것은 부처님의 입장에서 볼 때 마음을 전한 것이다라고 보는 것이다.[2]

달마선에서는 묵조선(默照禪), 간화선(看話禪) 등이 있는데 묵조선은 정려(靜慮), 즉 생각을 고요히 맑히는 선이고, 간화선은 1,700공안(公案)을 사용하여 화를 간하는 선이다. 우리 나라에는 통일 신라 말에 전래되어 많은 명승이 배출되어 9산이 성립되는데, 고려후기에 보조국사 지눌이 통합하여 조계종을 창시하였다. 이후 조계종은 한국 불교의 주류를 이루며 오늘에 이르고 있다.

(1) 묵조선(默照禪)

화두를 갖지 않고 묵묵히 앉아 모든 생각을 끊고 참선하는 방법

---

2) 정성본 저, 『선의 역사와 사상』 불교시대사, 1999, 157-158쪽 참고.

이다. 조동종(曹洞宗)의 선법으로 묵조선의 입장을 한마디로 표현한 말로 지관타좌(只管打坐)란 말이 있다. 지관이란 '오직 한 길'의 의미이며, 타는 '강조'의 의미이고, 좌는 '좌선'의 뜻으로 잡념을 두지 않고 오직 성성적적한 마음으로 좌선할 따름이라는 말이다.[3]

묵조선이란 이름은 묵조선가(默照禪家) 자신들이 부르기 시작한 것은 아니다. 묵조선의 거장 천동굉지(天童宏智, 1091~1157) 선사가 "오직 앉아서 묵묵히 말을 잊고 쉬어가고 쉬어가게 한다" 하였는데 대혜 선사께서 그의 가르침을 비난하여 '묵조사선((默照邪禪)'이라 지칭한데서 비롯된 것이다.[4]

(2) 간화선(看話禪)

화두를 참구하는 선이다. 우주와 인생의 근원을 규명해 나가는 데 있어 화두(話頭)라는 문제의식을 가지고 공부해 나가는 참선법이다. 다시 말해 화두라는 정형화되어 있는 어떤 사항을 참구하면서 수행함으로써 평등일여한 경지에 도달할 수 있다는 것이다. 또한 글자 그대로 해석하면 간(看)은 '본다'는 의미이고 화(話)는 화두로 '말의 머리'이다. 말머리 이전의 그 무엇을 보아서 마침내 철저하게 깨닫는 선이다.[5]

간화선의 완성자라 할 수 있는 대혜선사(1089~1163)의 가르침 중에 다음과 같은 것이 있다

"다만 망상으로 뒤바뀐 마음, 사량하고 분별하는 마음, 삶을 좋

---

3) 一指 지음, 『100문 100답 (선불교 강좌편)』 대원정사, 1997, 313-315쪽 참고.
4) 정성본 저, 『선 사상사』 선문화연구소, 1993, 361-362쪽 참고.
5) 김혜법 저, 『불교의 바른 이해』 우리출판사, 157쪽 ; 혜원 지음, 『선체조』 가람기획, 1999, 29-35쪽 참고.

참선 스님들께서 화두라는 문제의식을 가지고 선방에서 정진을 하신다.

아하고 죽음을 싫어하는 마음, 보고 아는 마음, 고요함을 추구하고, 시끄러움을 싫어하는 마음을 일시에 놓아 버리고 그 놓은 곳에 나아가 하나의 화두를 보라."

간화선은 묵조선이라고 대혜종고선사에 의해서 나쁘게 평해지는 조동종(曹洞宗)의 선풍에 대하여 임제종(臨濟宗)의 선풍을 일컫는데, 현재 우리 나라 선원에서 행해지고 있는 선법의 주종을 이루고 있다.[6]

그 외에 처한 상황에 따라 행(行), 주(住), 좌(座), 와(臥), 어(語), 묵(默), 동(動), 정(靜)으로 분류한다.

4) 여래선(如來禪)과 조사선(祖師禪)
(1) 여래선
부처님이 수행했던 선, 자세히는 여래청정선(如來淸淨禪)이다.

---

6) 정성본, 『좌선으로의 초대』 동국대학교 정각원, 1999, 26-27쪽 참고.

여래선이란 말은 『능가경(能伽經)』에서 규봉종밀(圭峯宗密)스님은 이것으로써 교선일치라 주장하여 최상승선이라 하였으나, 오히려 문자의 알음알이인 이(理)에 떨어져 달마가 전한 선과 다르다고 하였다. 여기에 대하여 조사선이란 말이 생기게 되었다. 당나라 이후에는 여래선과 조사선이란 말이 함께 쓰이게 되었으며, 특히 조사선은 석가모니 부처님의 마음을 마음으로 아는 선이며, 여래선은 『능가경』· 『반야경』 등에서 여래의 교설에 의거하여 깨닫는 선을 가리킨 것이라고 했다.[7]

(2) 조사선(祖師禪)

남종선(南宗禪)이라고도 한다. 육조인 혜능스님에게서 시작된 선종의 오가칠종(五家七宗)은 전부 이 조사선에 포함된다. 문자에 사로잡힐 우려가 있다고 보는 여래선 보다 조사선이 뛰어나다고 생각하였다.[8] 조사선은 조사의 언행을 실마리로 삼아 선을 실수(實修)하게 된다. 그래서 인도로부터 전래된 경전보다는 가까운 조사의 언행을 중시하고 그것이 일종의 공식과 같은 것이 됨으로써 공안(公案)이라는 것이 생겨났다. 이러한 공안에는 의미상, 과거의 조사들이 남긴 언행을 내용으로 하는 고칙공안(古則公案)과 현재 생성되어 있는 것은 모두 움직일 수 없는 진리라고 보는 입장에서 생긴 현성공안(現成公案)이 있다.[9]

---

7) 一指 지음, 앞의 책, 259쪽 참고.
8) 김혜법 저, 『불교의 바른 이해』 우리출판사, 154-156쪽 참고.

제3절_ 선의 본질

참선수행을 해서 얻어진 마음의 상태는 과연 어떻게 되어 있느냐 하는 것이다. 나아가서 어떤 것을 기준으로 수행해야 하느냐는 문제가 제기된다. 크게 네 가지로 분류한다.

1) 교외별전(敎外別傳)

진정한 법(法)이나 도(道)는 오직 마음에서 마음으로 전해지는 것이다. 어쩌면 경전은 단지 우리의 참된 면목을 바르게 일깨우기 위한 하나의 방편일 뿐이다.

교리는 자성의 메아리며 교리만으로 깨달은 경지를 다 표현할 수 없다. 물맛을 직접 보아야 제 맛을 알 수 있듯이 설명만으로 미치지 못하는 것과 같다. 선을 통한 깨달음은 스스로 수련을 통해서 경험되고 터득된다. 경전공부가 중요하지 않음이 아니다. 불교는 염불, 독경, 참선 등을 체험함으로써 진리의 세계에 나아가야 됨을 강조하고 있다.[10]

따라서 언어나 문자가 미치지 못하는 또 다른 세계, 마음과 마음만의 삼처전심(三處傳心)의 이심전심(以心傳心)이 이런 것이다.

삼처전심은 부처님과 제자 가섭 사이에 이루어진 마음의 형태이다.

첫째는 영산회상에서 대중들에게 연꽃 한 송이를 드니 가섭이

---

9) 一指 지음, 앞의 책, 260쪽 참고.
10) 정승석 저, 『100문 100답 (강좌편)』 대원정사, 1995, 258쪽 ; 혜원 지음, 앞의 책, 25쪽 참고.

빙그레 웃더라.(靈山會上拈花示衆)

둘째는 다자탑 위에서 법문을 하시다가 가섭이 늦게 도착하자 말없이 자리의 반을 내주셨다.(多子塔前分半坐)

셋째는 사라쌍수에서 부처님이 열반에 드셨는데 가섭이 늦게 와서 통곡을 하자 발을 관 밖으로 내어 보이셨다.(婆羅雙樹郭示雙趺)

(2) 불립문자(不立文字)

언어나 문자에 얽매이지 않음을 이르는 말이다. 또한 '언어나 문자에 얽매이지 않는다' 라는 말마저 버려야 한다. 혜능 스님은 "불립(不立)이라는 두 글자도 역시 문자다. 대개 어떤 이는 남이 문자를 사용함을 보고 문자에 집착한다고 비방하는데 그들은 자기 스스로가 미혹한 것은 생각지도 않고 경전을 비방하는 죄를 범하고 있다는 사실을 알아야 한다."고 했다. 불립문자의 진정한 뜻은 문자에 집착하지 않는 것이지 결코 문자를 완전히 부인하는 것은 아니다.[11]

한편 깨달은 자는 문자를 사용하거나 사용하지 않아도 된다. 왜냐하면 깨달은 자는 영원한 진리의 세계를 자유로이 왕래하며 어느 것에도 장애를 받지 않는다. 선을 하는 마음은 곧 한 순간도 참자성(自性)을 떠나지 않으므로 우주의 생명력, 진리의 세계를 자유로이 가고 오는 법이다.

---

11) 정승석 저, 앞의 책, 258쪽 참고.

(3) 직지인심(直指人心)

사람의 마음을 정확하게 바로 파악하기란 정말 힘들다. 직지인심이란 사람의 마음을 바로 가리키는 것을 말한다. 뚜렷이 밝은 우리의 마음을 바로 가리킨다. 여기서 주의할 것은 우리가 생각하는 대상으로서의 마음은 결코 참마음(眞心)이 아니다. 생각하는 그 자체가 참마음인 것이다. 마음은 주체이므로 그것이 대상화되면 벌써 그 본성을 잃어버린 것이다.[12]

(4) 견성성불(見性成佛)

자신이 지닌 본래의 성품을 철저하게 보는 것을 견성이라 하였다. 본래의 성품이란 어느 때나 청정무구하여 절대의 그 경지이며 영원불변한 것이다. 이런 차별 없는 본성을 보았다 함은 법신의 부처님과 하나 되는 것이며 그것은 내심의 부처가 완성되었다는 것이다.[13]

선이란 교리로서는 표현할 수 없는 체험의 세계이며(敎外別傳) 문자에 매여있지 않을 뿐더러 문자를 사용함에도 매임이 없다(不立文字). 또한 선은 사람의 본심을 바로 가리키며(直指人心) 그 본성을 보아 부처를 이룬다(見性成佛).[14] 이는 대한불교조계종의 종지(宗志)다.

---

12) 혜원 지음, 앞의 책, 26쪽 참고.
13) 金吉祥 편, 『불교학대사전』 홍법원, 1988, 75-76쪽 참고.
14) 정성본 저, 『선불교란 무엇인가』 118-119쪽 참고.

제4절_ **참선의 방법**

서산대사께서는 선(禪)은 부처님의 마음, 교(敎)는 부처님의 말씀, 율(律)은 부처님의 행동이라 하셨다. 곧 부처님 마음으로 돌아가는 데는 오직 한마음이 있어야 할 뿐이다. 어떤 기도를 하더라도 마음이 지극하면 번뇌망상이 없어져 본래 자기가 드러나게 된다.

어떤 사람들은 참선만이 최고의 수행이며 기도, 염불, 간경, 주력, 보살행 등은 별 것 아닌 것처럼 여긴다. 이것은 크게 잘못된 것이다. 우리 나라의 참선 방법 중 특히 간화선이 들어온 것은 통일신라 말기 9산 선문이 생긴 후이다. 사람의 근기에 따라 수행방법이 다를 뿐이지 우열이 있을 수 없다.

참선에는 상술한 바와 같이 인도에서의 수식관, 부정관, 백골관, 중국에서의 천태선, 묵조선, 간화선 등이 있다.

또 처한 상황에 따라 '행주좌와어묵동정'으로 분류한다. 여기서는 석가모니 부처님께서 보리수 아래서 깨달음을 이루시면서 취했던 자세이며 가장 보편적 좌선에 대해 중점적으로 다룬다.

1) 조신법(調身法)[15] – 몸 다스리는 법이다.
① 반가부좌 또는 결과부좌를 원칙으로 한다.
② 두 손은 모으고 선정인 또는 법계정인을 취한다.
③ 눈은 반안반개 하여 1m 전방에 던져둔다.
④ 턱은 당기고 혀는 입천장에 붙인다.
⑤ 편안한 복장을 한다.

---

15) 一指, 앞의 책, 105쪽 참고.

참선자세 ① 먼저 합장·반배한다. ② 반가부좌
③ 결과부좌를 한다 ④ 보통 법계정인을 취한다.

⑥ 좌복은 대소 두 개를 포개서 사용한다.
⑦ 양 무릎이 바닥에 닿고 허리는 곧게 편다.
⑧ 일어서고 앉을 때 몸을 움직여 준비운동을 한다. 스님들은 보통 50분 좌선(坐禪)하고 10분 행선(行禪) 하면서 몸을 푼다.

2) 조식법(調息法)[16] - 호흡 고르는 법이다.
① 가늘고 길게, 세밀하게 한다.
② 처음에 호흡을 한 번 크게 내쉰 후 서서히 들이쉰다. 이때 호흡이 코에서 가슴을 거쳐 단전에까지 이르는 것을 관(觀)한다.
③ 호흡이 단전에 이르러서는 잠시 머문다.(단전은 배꼽아래에서 약 4.5cm지점이다)
④ 다시 내쉴 때는 세밀하게 서서히 한다.
⑤ 마시고, 멈추고 내쉬는 3단계 호흡을 하되 시간 길이는 5 : 3 : 5초 정도로 하다가 차츰 10 : 5 : 10초 정도로 늘려 간다. 숨을 멈추는 이유는 하단전 호흡을 익숙하게 하는 일이므로 일단 익숙해지면 멈추는 단계는 생략한다.
⑥ 호흡은 아주 정미롭게 하여 옆 사람이 봐서 숨을 쉬는지 안

---

16) 서산대사 저, 백용성 역, 『선문촬요』 불서보급사, 1999, 264-266쪽 참고.

쉬는지 모를 정도라야 하며 옛 선인들은 코 끝에 얇은 닭털을 붙여 움직이지 않아야 한다고까지 하였다.

3) 조심법(調心法)[17] - 마음 다스리는 법이다.

몸이 안정되고 호흡이 고르면 저절로 번뇌가 끊어져 맑은 마음이 드러나게 된다. 이때 일체의 생각을 버리고 선지식의 가르침을 받아 공부를 이어 나가야 한다.

마음을 다스리는 방법으로 도입된 것이 화두다. 화두(話頭)를 공안(公案)이라고 한다. 깨달음의 세계에 드는 공문서란 뜻이다.

화두는 의심을 일으켜 망상을 제거하고 지혜를 발현시킨다. 화두를 통해 지금까지 밖으로만 치닫는 마음을 안으로 모아 끝내는 실상을 직시하는 안목을 키워야 할 것이다.

마음을 잘 다스리느냐 못 다스리냐에 따라서 곧 부처냐, 중생이냐가 판가름나며 부처님 세계에 드느냐, 중생의 세계에서 헤매이느냐가 결정된다.

공안에는 1,700공안이 있다. 이 숫자는 『경덕전등록』에 1,701명의 수행 이력을 수록했기 때문에 유래된 것 같다. 넓은 의미에서 우리의 일상생활 자체가 공안이라고 볼 수 있다. 공안은 '깨침'을 위한 의문인데 우리의 일상생활이 의문이기 때문이다.

> 잡념망상(雜念妄想) → 화두(話頭) → 일념(一念) →
> 무념(無念) → 지혜(智慧) → 실상직시(實相直示)

---

17) 백용성 역, 앞의 책, 270쪽 참고.

이러한 공안에 대해 송대(宋代)의 대혜종고(大慧宗杲)선사는 『대혜보각선사어록』 권 27에서 대표적인 공안 6가지를 열거하고 있다.[18]

① 한 스님이 조주 선사에게 물었다.
"어떤 것이 조사께서 서쪽에서 오신 뜻입니까?"
조주가 말했다.
"뜰 앞에 잣나무니라"(庭前栢樹子)

② 어떤 스님이 동산 선사에게 사뢰었다
"붓다란 무엇입니까?"
동산이 일렀다.
"삼베가 세근이니라"(麻三斤)

③ 어떤 스님이 운문 선사에게 여쭈었다.
"부처란 무엇입니까?"
운문이 말했다.
"마른 똥 막대기니라"(乾屎厥)

④ 한 스님이 조주 선사에게 물었다.
"개는 불성이 있습니까, 없습니까?"

---

18) 一指 저, 『100문 100답 (선불교 강좌)』 대원정사, 1997, 111-112쪽 참고.

조주가 툭 던진다.

"없다"(狗子無佛性)

⑤ 방 거사가 마조 선사에게 사뢰었다.

"만법과 더불어 짝하지 않는 것은 무엇입니까?"

마조가 말했다.

"그대가 서강의 물을 한입에 다 마실 때를 기다려 말해 주리라"

(對余一口 吸盡西江水 卽向余道)

⑥ 어떤 스님이 운문선사에게 물었다.

"어떤 것이 모든 부처님께서 나오신 곳입니까?"

운문이 답했다.

"동산이 물위로 가느니라."(東山水上行)

제5절_ 선의 효과

1) 선의 활용

사람의 감정에는 취할 것과 버릴 것, 사랑할 것과 미워할 것으로 분산된다. 선에는 취사와 애정의 감정을 초월해서 평상심(平常心), 자연심(自然心)으로 생활할 것을 강조하고 이렇게 생활하는 분들이 선사들이다. 사람들은 버리지 못해서, 구하지 못해서 한이다. 선에서는 있는 것이나 없는 것이나 평등한 마음으로 받아들이고 활용을 해서 항상 여여심(如如心)으로 지낸다.

선에서는 특별한 호기심도 따분한 마음도 없다. 한결같고 평상스러운 상태다. 살고자 하는 욕망도 죽고자 하는 욕망도 없다. 바로 이것을 생사를 초월한 선의 경지이다.

선의 세계에 도달한 사람을 한도인(閑道人)이라 하고 요사인(了事人)이라 한다. 세상의 할 일을 모두 마친 분들이란 뜻이다.

선이라고 하는 것은 밥 먹을 땐 밥 먹고, 잠잘 때는 잠자고, 올 때는 오고 갈 때는 가는 것으로 족해서 매사가 자연스럽고 좋은 것이다.

그러나 중생은 갈 때에는 오는 것으로 생각하고, 오면서도 가는 것을 생각하고, 밥을 먹으면서도 온갖 걱정에 사로잡혀 있고 잠을 자면서도 온갖 근심에 사로잡혀 있어서 일상생활 속에서 공연한 걱정근심을 일으키고 그 걱정과 근심에서 떠날 수 없는 것이 보통 중생의 마음이다.

선사는 그러한 일체의 감정을 초월하였으므로 항상 자유자재하다. 이러한 선의 경지를 전통적인 용어로 말할 때 일행삼매(一行三昧), 반야삼매(般若三昧), 일상삼매(一相三昧), 현전삼매(現前三昧)라 한다. 이리하여 백천 가지 삼매를 현재의 한 생각에서 응용하고 자유자재하는 것이 선의 최고의 체험세계이고 활용세계인 것이다.

2) 현대인과 선

선은 산사의 선방에서만 그 존재가 인정되는 가르침이 아니다. 생의 근본 의문에 대한 해결은 선승들만의 문제가 아니기 때문이다. 오늘날 재가불자들이 선승들 못지 않게 철저히 참선 수행하는 모습을 자주 보게 된다. 현대 문명이 토해내는 욕망과 언어의 공해를 정면에서 대응하여 정화할 수 있는 대안으로 선이 주목받고 있는 것이다.
　최근 들어 선은 미술이나 음악 등의 예술분야뿐만 아니라 의학, 운동경기, 교육 등 실생활에 다양하게 응용되고 있다. 그리고 과열된 현대사회의 중압감에 지친 현대인들이 '참 나(我)'를 찾기 위한 수단으로 받아들여지고 실지로 선을 수행하는 사람들이 늘어나고 있다.

제6절_ 선의 단계

① 초선(初禪) – 이생희락지(離生喜樂地)
　어떤 대상에 대해 마음을 쏟아 거기에 집중하면 점차 욕정과 악심이 없어져 고요하게 안정된다. 그러나 여기에서는 아직 어떤 것을 탐구하는 마음이 움직이고 있다.

② 이선(二禪) – 정생희락지(定生喜樂地)
　초선에서 남아있던 탐구심이 없어져 마음이 깨끗하고 한 곳에 통일되어 고요하게 안정됨으로써 생긴 즐거움만이 있게 된다.

③ 삼선(三禪) – 이희희락지(離喜喜樂地)
　이젠 이러한 기쁨까지도 없어지고 마음은 특정한 것에 관심을 갖지 않는 평등심에 머물러서 올바른 생각과 지혜가 나타나 즐거움을 느낀다. 마음의 집중이 진전되어 지혜가 나타나고 있다.

④ 사선(四禪) – 사념청정지(捨念淸淨地)

앞에서 맛본 즐거움도 버리고 고(高)에서도 벗어나므로 기쁨, 근심 등 모든 것이 없어져 한결같이 깨끗하게 된다.

이 선의 단계에서는 욕망은 없어졌으나 몸의 안락은 남아 있으므로 이것을 색계정(色界淨)이라 한다.

이에 더 나아가면 마음이 육체의 속박을 떠나서 자재롭게 작용하므로 육체가 없는 세계와 같다고 한다. 여기에는 정무변처정(定無邊處定), 식무변처정(識無邊處定), 무소유처정(無所有處定), 비상비비상정(非想非非想定)의 사무색정(四無色定)이 있다.

⑤ 정무변처정(定無邊處定)

모든 물질의 관념을 떠나 오직 허공과 같이 일체의 상대적인 것을 초월하여 마음이 절대 공(空)에 있게 된다.

⑥ 식무변처정(識無邊處定)

앞에서는 마음이 허공에 있으나 다음 단계에서는 마음을 다시 내심의 의식으로 돌려 그 의식 중에서 일어나는 차별상을 제거하는 것이다.

⑦ 무소유처정(無所有處定)

허공과 의식을 모두 초월하여 마음 속에 아무것도 없는 것이다.

⑧ 비상비비상정(非想非非想定)

안과 밖의 차별을 없애고 텅 빈 한결같은 마음이 끊이지 않는 것이다. 싯다르타는 성도하기 전에 제7 무소유처정을 알라라카라마에게서 배웠으며 제8 비상비비상정은 웃다가라마풋다에게서 배웠다고 한다.『중아함경』
  그런데 이것 위에 멸진정(滅盡定)이 있으니 싯다르타는 여기까지 도달하여 부처님이 되었다.

  ⑨ 멸진정 – 멸수상정(滅受想定)
  이에 의해 과거, 현재, 미래 삼계의 생사를 초월하여 열반의 모략을 얻는다. 심의식의 주체와 객체의 움직임을 멸했으므로 마음의 고요함이 마치 남김없이 열반에 들어간 것과 같다.

제7절_ 선의 기본법식과 3요소

(1) 선의 기본법식
선을 하는 데는 무엇보다 올바른 자세와 마음가짐이 중요하다. 자각선사는 선(좌선)의 기본법식으로 열 가지를 들고 있다.
① 서원(誓願)을 크게 세우라.
② 모든 인연(因緣)을 놓아라.
③ 음식을 적당히 먹어라.
④ 잠을 고르게 자라.
⑤ 장소를 잘 가려서 고요하고 한적한 곳을 택하라.
⑥ 몸을 잘 조정하라.
⑦ 호흡을 고르게 하라.
⑧ 마음을 잘 고르라.
⑨ 공부하는데 마군의 장난이나 공부가 바로 되고 잘못됨을 가
   릴 줄 알아라.

⑩ 좌선을 할 때의 마음 상태를 어느 때나 끊임이 없도록 잘 지켜 나가라.

(2) 선의 3요소

여기서 화두를 잡고 선을 하는 데는 서산대사의 '선가귀감'에 3요소가 있으니 간략하게 살펴보면,

① 대신근(大信根)은 철저히 믿는 믿음이다. 나도 불성(佛性)을 가진 존재로서 깨우칠 수 있다는 강한 확신이 있어야 한다. 화두에 대한 믿음도 포함된다.

② 대분지(大憤志)=대용맹심(大勇猛心)은 원수를 만난 듯한 분개심이다. 모기가 철판을 뚫는 듯한 대용맹심이 있어야 한다. 오직 각오를 세워 정진하겠다는 생각이다.

③ 대의정(大疑情)은 철저한 큰 의심이다. 철저한 의심을 가지지 않고는 화두는 타파되지 않는다. 온통 의심덩어리로 먹고 자는 것도 잊어야 한다.

만일 이 선의 3요소가 갖추어진 자라면 언젠가 눈이 열리고 가슴이 열려 스스로의 존재가 이해될 뿐더러 우주의 실상을 깨닫게 되는 것이다.

제8절_ 좌선의 마침과 선체조[19]

좌선 시간은 30~50분 정도로 한다. 그리고 다리가 저리고, 화

---

19) 정성본 저, 『좌선으로의 초대』 29-32쪽 참고.

장실 용무 등을 위한 휴식을 10분 정도 둔다.

① 먼저 가부좌한 상태에서 좌선을 마치는 신호로 경쇠나 죽비 치는 소리가 한 번 울리면 천천히 두 손의 법정계인을 푼다. 그리고 합장하여 반배하고, 두 손을 펴서 양쪽 무릎 위에 올려놓는다.

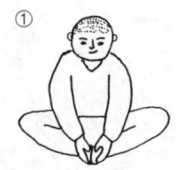

몸을 좌우로 한두번 흔들어 긴장을 풀고 난 다음 두 손으로 가부좌한 왼쪽 다리의 발을 풀어 들고서 바닥에 내려놓고, 다음 오른쪽 다리를 풀어서 두 다리의 발바닥이 서로 맞닿도록 한다.

엄지손가락으로 양쪽 엄지발가락부터 다섯 발가락을 차례로 아플 정도로 지압한다. 다음 발바닥을 골고루 지압하고 발뒤꿈치에서 장딴지, 무릎까지 지그시 눌러 경혈을 지압하며 풀어준다.

② 두 손으로 발바닥이 맞닿은 두 발을 잡고 허리를 구부리고 머리를 숙여 이마가 두 발에 닿도록 한다. 3~4회 반복한다.

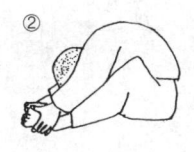

③ 앉은 자세에서 두 다리를 가지런히 모아서 앞으로 쭉 뻗어 내밀고, 두 손으로 두 발가락을 잡고 허리와 머리를 굽혀 이마가 발에 닿도록 한다. 4~5회 반복한다.

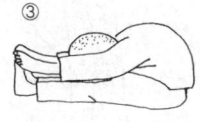

④ 두 다리를 앞으로 가지런히 내민 상태에서 오른쪽 손바닥을

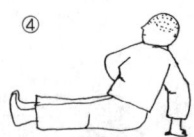
오른쪽 엉덩이 뒤쪽 바닥에 짚고, 허리와 목과 머리를 오른쪽으로 180°비튼다. 이때 왼손은 가볍게 오른쪽 앞바닥을 짚어 몸의 균형을 안정시킨다.

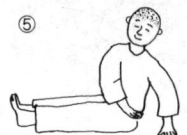
⑤왼쪽 손바닥을 왼쪽 엉덩이 뒷편에 짚고, 허리와 목과 머리를 왼쪽으로 180°비튼다. 이때 오른손은 가볍게 왼쪽 앞바닥을 짚어 몸의 균형을 안정시킨다. ④번 동작을 다시 한번 반복한 뒤 ⑤번 동작을 다시 한번 반복한다.

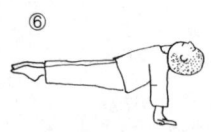
⑥두 손바닥을 모두 양쪽 엉덩이 뒤쪽 바닥을 짚고 두 발은 모아서 발끝은 앞으로 힘을 주어 뻗고, 허리·가슴·몸·머리는 뒤쪽으로 힘주어 뻗고 뒤로 젖힌다.

⑦두 다리의 무릎을 가지런히 세우고, 두 팔로 무릎을 꼭 껴안고 머리는 앞으로 숙인다.

⑧자리에서 조용히 일어나서 두 다리는 어깨넓이만큼 벌리고, 발바닥이 모두 골고루 바닥에 닿도록 한다. 오른손은 주먹을 가볍게 쥐고 왼손으로 오른쪽 주먹을 감싸며, 두 손을 편안히 단전 위에 올려놓고 단전호흡을 1~2분 정도 한다.

⑨선 채로 힘을 가볍게 주면서 아랫배를 끌어올리고, 항문을 오므려 수축시켜서 윗쪽으로 당긴다. 아울러 아랫배 하복부를 윗쪽

으로 끌어올리는 운동도 반복한다. 새벽에 일어나서 공복에 10회 이상 하며, 점심·저녁때는 반드시 식사전에 각각 10회 이상 한다. 그리고 잠자리에 들기 직전에 10회 이상 한다. 이 운동을 계속하면 허리와 신장(腎臟)을 튼튼하게 하며, 원기를 증장하게 하는 효과가 있다.
⑩ 두 손을 풀고 앞으로 허리를 굽혀 좌우로 비틀고 흔들며 두 손으로 무릎을 잡고 앉았다 일어서기를 10회 이상 한다.
⑪ 마지막으로 천천히 두 손바닥을 가볍게 마찰시키고, 얼굴과 눈에 손바닥의 열기를 전달한다.

제17장

사경

제1절 사경의 의의와 역사
제2절 사경의 공덕
제3절 사경의 방법과 자세

제 17장

사 경

제1절_ 사경의 의의와 역사

1) 의 의

사경은 경전을 옮겨 쓴다는 말이다. 인쇄술이 발달하지 못했을 때는 이 사경의 목적은 경전을 베껴 책을 만드는 일이었다.

최초 부처님의 말씀을 제자들이 네 차례의 결집(結集)을 통하여 범어나 팔리어로 기록했던 것을, 불교전파를 목적으로 종려(棕櫚) 껍질에 베껴 쓴 패엽경(貝葉經)을 사경의 시초라 할 수 있다. 그러나 요즘에 와서 사경의 의미는 많이 달라졌는데, 스스로 그 마음을 맑혀가는 기도 수행의 한 방편으로 사경이 많이 행해지고 있다.[1]

한 자 한 획을 옮겨 쓰는 순간 이미 우리의 삼독(三毒)은 쉬어지고 환희의 바다인 부처님 세계에 든다. 한 자 쓰면서 한 번 절하는 일자일배(一字一拜)의 의식은 신앙심이 없이는 안 된다. 이렇게 완성된 경의 말씀은 탑 등에 봉안(奉安)된다.[2]

---

1) 박상국, 『사경』 대원사, 1994, 10-13쪽 참고.

2) 역 사

① 불교는 석가모니 부처님의 가르침이며, 경전(經典)은 45년간의 설법을 문자화(文字化)한 것이다. 부처님 당시도 문자는 있었지만 기록(記錄)된 것은 없었고 입멸 후 500명의 제자가 왕사성(王舍城, Rājagṛha)에 모여 기억하고 있던 가르침의 내용을 합송하여 확인하는데 그쳤다.

부처님 입멸 후 100년경까지는 모두 구전(口傳)에 의한 것이었고 문자로 쓰여지지는 않았다. 기록(記錄)된 경전이 출현한 것은 불멸 후 3백년경인데 경전이 문자로 처음 쓰여졌을 때를 사경의 시초라고 말할 수 있다. 그때까지 외워서 전하던 경전을 패엽(貝葉)에 서사(書寫)해서 전하게 되었다.

② 기원 전후로 인도 서북부로부터 대승불교 운동이 일어나기 시작했는데, 재가불자가 신앙을 중시했기 때문에 부처님의 가르침을 펴기 위해서는 사경을 빼놓을 수 없게 되었다.

최초 인도에서의 경전은 고대 인도의 언어인 범어나 팔리어로 기록되었는데, 다른 지역에까지 부처님의 가르침을 전파하기 위해 번역본의 사경도 이루어졌다.[3]

③ 인도 불교가 티벳을 경유해 중국에 전해진 것은 기원 전후라고 추정되나 후한(後漢) 환제(桓帝) 때 인도의 스님들이 많은 경전을 전해와서 번역했기 때문에, 이때가 사실상 중국에 불교가 들어온 것이 되며, 사경의 시작이라고 할 수 있다.[4] 육조시대(六朝時

---

2) 박상국, 앞의 책, 90쪽 참고.
3) 재원스님 편, 『마하사 불교 교양대학』 마하사, 1994, 63쪽 참고.
4) 鎌田茂雄 著, 鄭舜日譯, 『중국불교사』 경서원, 1989, 21-22쪽 참고.

代, A.D. 6세기)에는 경전의 번역과 연구가 활발했기 때문에 사경도 성행하게 되었다.

④ 수(隋) · 당(唐) 시대에는 황제의 보호 아래 불상이나 사리탑의 건립이 활발해져서 중국불교는 대단히 번성했다. 절이나 탑에 안치할 장경 때문에 국가 사업으로 대규모 사경행사가 열렸다. 단려(端麗)한 해서(楷書)로 서사된 수 · 당 사경은 우리나라의 삼국시대, 고려시대, 일본의 나라시대(奈良時代) 사경의 규범이 되었다.[5]

⑤ 당나라 말기부터는 도교의 영향도 있었으나 중국불교는 쇠퇴일로에 놓여 송대(宋代)에 들면서 경전은 목판으로 인쇄하게 되었고, 따라서 손으로 쓰는 사경은 거의 하지 않게 되었다.

⑥ 우리 나라 사경의 시작은 불교가 처음 들어왔을 때라고 짐작되나, 최고 오래된 사경은 6세기경의 백마지(白馬紙)에 주사(朱砂)로 계선(界線)을 긋고 먹으로 쓴 금강경으로 성암고서박물관에서 1988년 3월 8일에 발견되었으나, 공인된 사경으로는 호암미술관에 소장된 경덕왕 14년(755)에 황룡사 연기법사가 서사(書寫)한 『대방광불화엄경(大方廣佛華嚴經, 국보 196호)』이 우리 나라의 최고 오래된 사경이다.[6]

또한 통일신라시대에는 목판경도 상당히 발달했으리라 짐작되는데, 석가탑에서 발견된 『무구정광대다라니경(無垢淨光大多羅尼經)』은 경덕왕(750) 때로 추정되며, 닥종이에 인쇄된 목판경으로 가장 오래된 것이다. 화엄사 각황전 사면벽에 돌로 새긴 석판

---

5) 鎌田茂雄 著, 鄭舜日譯, 앞의 책, 156~157쪽 참고.
6) 재원스님 편, 앞의 책, 64쪽 참고.

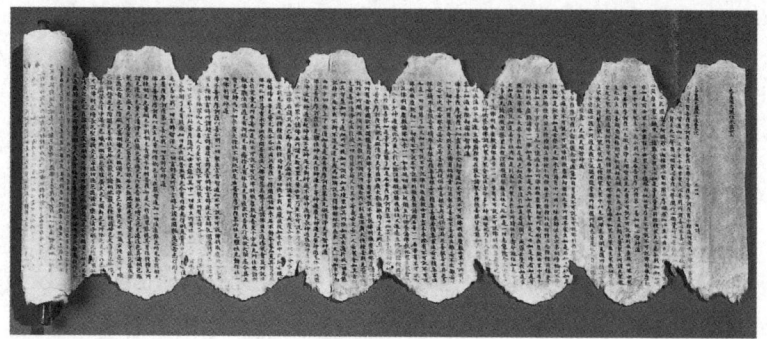
대방광불화엄경 당나라 실차난타가 한역한 것으로 주본(周本)으로 통칭되는 80권짜리이다. 이 사경은 황룡사 연기법사가 서사한 것이다./국보 196호

화엄경도 이때 이루어졌으리라 생각된다.[7]

⑦ 고려시대에는 신라시대 경전 신앙에 의한 사경 의식이 이어져 왔고 나아가 복을 빌고 재앙을 물리치기 위한 불사로도 성행하였다. 이때의 사경으로는 팔만대장경(八萬大藏經)과 직지심경(直指心經)을 들 수 있다. 팔만대장경은 목판본(木版本)이지만 판각하기 전에 사경했던 것이며,[8] 1377년 충북 흥덕사에서 인쇄된 세계에서 가장 오래된 활자본인 직지심경 역시 사경해서 활자가 만들어졌다. 또한 고려시대에는 금과 은으로 장식한 사경이 성행해 장식경이란 말까지 나오게 되었다.

조선시대의 세조는 대군 시절부터 세종의 명에 의해서 『석보상절(釋譜詳節)』을 편찬했고, "석가의 도는 공자보다 나을 뿐 아니라 하늘과 땅과 같다"고 할 만큼 불교를 잘 알고 있었다. 또한 세조 6년부터 성종 3년까지 존속했던 간경도감(刊經都監)의 일 역시

---

7) 박상국, 앞의 책, 30-31쪽 참고.
8) 박상국, 앞의 책, 36-38쪽 참고.

사경이었고, 여러 불상이나 탑 속에서 금·은자의 사경들이 쏟아져 나온 예를 보아도 사경이 성행했음을 알 수 있다.[9]

제2절_ 사경의 공덕

사경의 공덕은 아무리 말하여도 다 말할 수 없다.
깨끗하고 맑은 마음으로 부처님의 말씀을 옮겨 쓰는 이는 이미 윤회의 고통을 벗어나 있다. 정성을 다해 사경하는 이에게는 불보살님 가피와 위신력이 있어 일체 모든 장애는 사라지고 기쁨이 늘 충만한 삶이 전개될 것이다.
사경에 대한 공덕은 많은 역사적 사실과 영험설화가 있지만, 다음은 경전에 나타난 사경에 대한 부처님의 몇가지 말씀을 소개한다.

"만일 반야바라밀을 베껴 쓰고 공경하며 존중하고 찬탄하는 사람들은 반드시 커다란 복과 덕을 받는다."[10]
『소품반야바라밀경 제2권 탑품(小品般若波羅蜜經 第二卷 塔品)』

"만일 선남자·선녀인이 법화경을 받아 지녀 읽고 외우거나 해설하고 옮겨쓰면, 이 사람은 팔백 공덕의 수승한 눈을 얻어서 이

---

9) 박상국, 앞의 책, 84-89쪽 참고.
10) 『한글대장경 174권』 동국역경원, 1995, 382쪽 참고.
11) 『한글대장경 41권』 120쪽 참고.

로써 장엄하니 그 눈이 매우 청정하며 ······"[11]

『법화경 법사공덕품(法華經 法師功德品)』

"무수한 세월 동안 물질로 보시한 공덕보다 경전을 사경, 수지, 독송하여 다른 이를 위해 해설한 공덕이 수승하다."

『금강경 지경공덕분(金剛經 持經功德分)』

제3절_ 사경의 방법과 자세

1) 사경의 방법
① 몸을 청정히 한다.
② 부처님을 모시고 향을 피운다.
③ 예불을 올린다.
④ 사경발원문을 독송한다.
⑤ 일자일배 한다. 즉 한 자 쓰고 한 번 절하면서 사경한다.
⑥ 사경 회향문을 읽고 부처님 전에 삼배한다.

2) 사경의 자세
경을 쓰는 일은 경문 한 자 한 자에 지극한 마음의 자세를 갖지 않으면 안 된다. '일자일배(一字一拜)' 곧 한 자를 쓸 때마다 한 번 절하듯이, 불교 경전을 쓰는 데 얼마나 정성을 기울여야 하는가를 알 수 있다. 이런 자세로 쓰면 마음이 한 곳으로 모아져서 정신이 맑아지게 되고, 삼매의 경지에 들어가게 되는 것이다. 그러므로 사경은 그대로 염불이고, 참선의 수행이 된다. 이런 자세에서는 글씨를 잘 쓰고 못 쓰는 것에 굳이 구애될 필요가 없으며 중요한 것은 마음 자세인 것이다. 마음 자세만 제대로 갖추어지면 당장이라도 시작할 수 있다.

부처님 말씀은 진리이므로 사경을 한다는 것은 진리를 쓴다는 것이다. 경전을 선택하여 사경을 시작하는 일은 보석을 찾아내어 주워 담는 일을 시작하는 것이다. 바로 법열(法悅)을 맛보는 신나는 일이다.

흰 종이에 한 자씩 써 내려가면 된다. 한 자 한 자는 개체의 글자이지만 모두 쓰고 나면 진리의 말씀이다. 흰 종이는 자기의 마음이며 그 깨끗한 마음에 진리의 말씀을 새겨 나가는 것이 된다. 진리는 결국 마음에 있는 것이고 자기 마음의 바탕에 진리를 새겨 나가는 작업이 사경이다.

사경하고 있는 동안 무아(無我)의 경지에서 모든 신경을 붓끝에 집중하도록 해야 한다. 조용한 마음으로 잡된 생각을 모두 잊고 쓰노라면 마음이 절로 청정하게 된다.[12]

---

12) 박상국, 앞의 책, 90-91쪽 참고.

제 18 장

발우공양

제1절 의의
제2절 발우공양의 용어와 부대기구
제3절 재가불자의 발우공양법
제4절 공양시 주의사항

제18장

발우공양

제1절_ 의의

먹는 것을 공양(供養)이라 한다. 공양의 의미는 배를 채우고 맛을 돋우기 위해서만이 아니라 삼보와 사중(四重 : 국가, 부모, 스승, 시주)의 은혜를 갚고 삼도(三途 : 지옥, 아귀, 축생) 중생의 고통을 건지기 위해서 먹는다. 즉 안으로는 내 자신을 구제하고 밖으로는 중생을 구제하기 위하여 먹는다. 한 알의 쌀이 내 입에 들어오기까지는 여러 사람의 손이 가야 한다. 쌀 '미(米)' 자는 여든 여덟번의 손이 간다고 하여 팔십팔사(八十八四)를 의미한다고도 한다. 불자는 공양하면서 모든 사람에게 감사하는 마음과 이웃에게 베풀어주는 마음을 가져야 한다.[1]

대중이 함께 모여 공양하는 것을 대중공양(大衆供養)이라고 한다. 발우(鉢盂, Pātra)란 스님들이 사용하는 식기이다. 발(鉢)과 우(盂)를 합친 말로 응기(應器) 또는 응량기(應量器)라고 번역하고 중국말로 밥그릇이라는 뜻이다. 범어와 중국말을 아울러 일컫는

---

1) 김길원 편저, 『불자예절과 의식』 불광출판사, 1996, 297쪽 참고.

발우공양 누구나 공양하면서 일체 중생에게 감사하는 마음과 베풀어야 하는 마음을 가져야 한다.

것이 발우며 바리때라고도 한다. 사전에는 "비구가 걸식할 때에 쓰는 식기"라고 설명하고 있다. 발우는 각자 자기가 먹을 수 있는 양에 따라 공양하는 그릇이란 뜻이다. 또 부처님 당시부터 전해 내려온 수행의 한 과정으로 행하기 때문에 법공양이라 한다.[2]

제2절_ 발우공양의 용어와 부대기구

1) 발우공양 용어[3]

① 상발(上鉢) : 선반에 발우를 올린다.
② 하발(下鉢) : 선반에 있는 발우를 내린다.
③ 전발(展鉢) : 발우를 펴는 것이다.
④ 진지(進旨) : 밥을 돌리는 것이다.
⑤ 가반(加飯) : 밥을 더 받는 것이다.
⑥ 감반(減飯) : 밥을 더는 것이다.
⑦ 봉발(奉鉢) : 발우를 잡고 이마 높이로 드는 것이다.
⑧ 헌식(獻食) : 일곱낱 정도의 밥알을 떠서 천식기에 넣는 것이다.

---

2) 어린이불교 교육연구소 엮음, 『설법과 교리』 붓다가야, 1998, 304쪽 참고.
3) 김길원 편저, 앞의 책, 302-312쪽 참고.

⑨ 공양수(供養受) : 공양을 하는 것이다.
⑩ 세발(洗鉢) : 발우를 닦는 것이다.
⑪ 절발수(折鉢水) : 발우를 닦고 남은 천수물을 걷는 것이다.
⑫ 수발(收鉢) : 발우를 걷는 것이다.
⑬ 천수물(千手水, 절발수(折鉢水)) : 절에서 대중공양을 할 적에 밥과 반찬을 돌리기 전에 먼저 받아 놓는 맑은 물이다. 발우와 수저를 이 물에 씻고 공양이 끝나기 전에 대중의 것을 한데 모아서 아귀(餓鬼)에게 베푼다. 대중방 천장에 천수주(千手呪)를 써 붙여 두어 천수물에 비치게 함으로 천수주의 위력이 그 물에 더하여져서 아귀들이 먹고 고통을 쉴 수 있다고 한다.[4]

2) 부대기구[5]

발우는 보통 4개가 1조로 되어 있으며, 발우수건, 발우보, 무릎수건, 발우단, 수저집, 생반대 등의 부대기구가 있다.

① 발우수건(鉢巾) : 발우를 덮는 수건으로서 행주의 역할을 겸한다.
② 무릎수건 : 옷에 반찬국물 따위가 떨어지지 않도록 무릎에 펴놓는 수건 즉, 냅킨에 해당한다.
③ 수저집 : 수저를 넣는 주머니이다.
④ 발우뚜껑 : 4개의 발우를 포개어 놓고 덮는 뚜껑으로서 제일 큰 발우에 맞도록 만들어졌다.

---

4) 金吉祥 편, 『불교학대사전』 홍법원, 1998, 2510쪽 참고.
5) 김길원 편저, 앞의 책, 299쪽 참고.

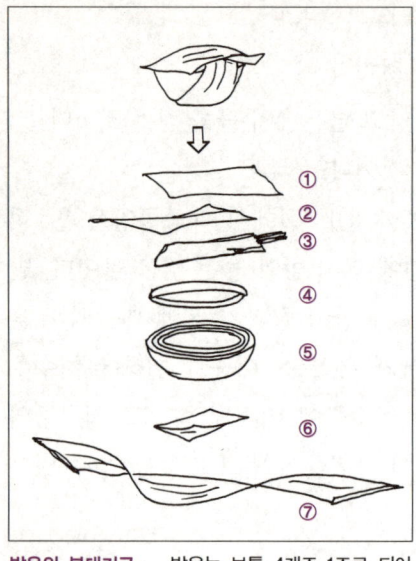

발우외 부대기구 발우는 보통 4개조 1조로 되어 있다.

⑤ 발우 : 바리때라고도 부르며 편의상 밖에 있는 발우부터 1번 발우(어시발우), 2번 발우(국발우), 3번 발우(천수발우), 4번 발우(반찬발우)라 부르기도 한다.

⑥ 발우단(鉢盂單) : 발우를 펼 때에 맨 밑에 까는 것으로서 밥상 역할을 하는 보를 말한다.

⑦ 발우보 : 발우를 싸는 보를 말한다.

제3절_ 재가불자의 발우공양법

　재가불자가 수련대회나 기도정진을 위하여 단체로 사찰에 갈 경우 약식 발우 공양법으로 한다.

　발우는 각각 자기 것을 지참하여 갈 것이지만 장기간 체류하는 경우로서 지정된 방에 발우를 별도로 보관할 때에는 상발법과 하발법을 잘 지켜서 행하도록 한다. 발우가 준비되지 않은 경우에는 일반 식기를 4개 준비하여 발우로 사용하여도 무방하다. 또 발우 공양을 하지 않는 경우에도 공양시 다음과 같은 의식을 진행하면 좋다.[6]

대중공양은 발우를 준비해서 정좌하여 앉는 것으로부터 시작되며 다음과 같이 진행하도록 한다.

1) 약식 대중공양 순서
① 죽비 1성에 불은상기게(佛恩想起偈)를 외운다.
② 죽비 3성에 발우(鉢盂)를 편다.
③ 죽비 1성에 천수물(千手水)을 드리고 식사를 돌린다.
④ 죽비 1성에 오관게(五觀偈)를 외운다.
⑤ 죽비 3성에 머리 숙여 합장하고 공양한다.
⑥ 죽비 2성에 식수(숭늉)를 돌린다.
⑦ 죽비 1성에 찬상을 물리고 발우를 닦는다.
⑧ 죽비 1성에 천수물을 버린다.
⑨ 발우를 거둔다.
⑩ 죽비 1성에 수발게(收鉢偈)를 외우고 죽비 3성에 마주 보며 합장 반배하고 공양을 마친다.

공양의식중의 게송은 불은상기게, 오관게, 수발게의 3가지만 하기로 한다.

(2) 배식 준비

대중공양을 위해서 반찬을 방으로 들여오고 국통과 밥통을 들여와서 배식 할 사람을 정해야 하는데 많은 사람이 왔다 갔다 해서는 안 되므로 몇 사람만 정하도록 한다. 재가불자가 대중공양을 하는 경우에는 불자간에 상, 하를 정하기 곤란하므로 서로서로 솔선하고 앉아서 주는 밥을 먹기가 미안하여 일어서서 일을 거들려

---

6) 김길원 편저, 앞의 책, 318-319쪽 참고.

는 경향이 있으나 이것은 혼란을 초래하는 것이니 주관하는 사람이 아니면 가만히 앉아 있어야 한다.[7]

반찬은 그릇을 대중으로 돌려 각자가 덜어가도록 한다. 즉, 반찬을 담은 찬합을 2~3개 준비하고 이를 좌우로 전달하여 각자가 먹을 만큼 덜고 옆으로 돌린다. 밥과 국은 배식하는 사람이 퍼 주어야 한다.

밥통과 주걱, 국통과 국자, 찬합, 그리고 발우를 닦기 위한 청수물통과 발우 닦은 천수물을 거두어 버릴 물동이를 준비하여야 한다. 천수물통은 커다란 주전자로 하는 것이 좋은데 식사 후에 마실 물통과 구분해야 한다. 이러한 준비물이 빠짐없이 갖추어져 있는지를 확인하고 다음 절차를 진행한다.

3) 입정(入定)

각자 발우를 소지하고 자리에 앉은 다음 입정을 한다. 대중공양

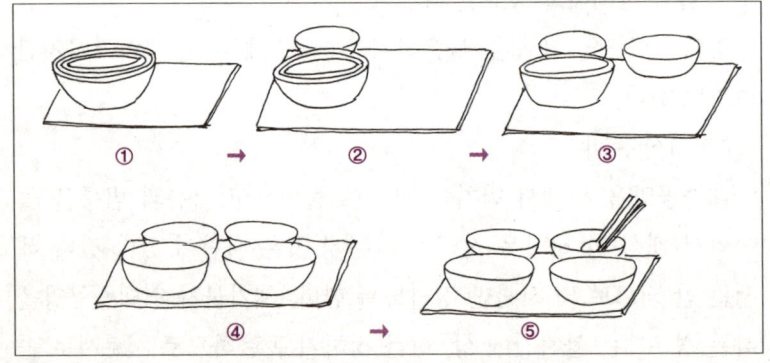

발우 펴는 순서　각자의 자리에 정좌를 하고 그림과 같이 발우를 다함께 편다.

---

7) 김길원 편저, 앞의 책, 320-321쪽 참고.

의식을 진행하기에 앞서 입정을 하게 되면 이러한 소란(잡담, 불필요한 행동)을 다소나마 줄일 수 있다. 죽비를 세 번 쳐서 입정하고 공양이 끝날 때까지 절대로 입을 열지 않도록 주지시킨다.

좌석의 배치는 보통 'ㄷ'자 형으로 앉으며 연장자가 상석에 앉도록 배려한다. 재가불자끼리 상, 하를 가릴 수는 없으나 가급적이면 여법하게 좌석배정을 하는 것이 좋다.

4) 전발(展鉢)

각자의 자리에 정좌를 하고 앉되 발우를 성급하게 풀어서는 안된다. 발우를 다 함께 펴는 것 자체가 의식에 포함되기 때문이다. 인례자가 죽비를 한 번 치면 다음과 같이 불은상기게(佛恩想起偈)를 외운다. 엄숙한 분위기를 위하여 음률을 맞추어 천천히 낭송한다.

부처님은 가비라에서 탄생하시고 (佛生迦毘羅)
마갈타 나라에서 성불하시어 (成道摩竭陀)
파라나 녹원에서 설법하시고 (說法波羅奈)
구시라 쌍림에서 열반드셨네 (入滅拘尸羅)[8]

불은상기게의 낭송이 끝나고 죽비를 세 번 친다. 또 다시 죽비를 한 번 치면 발우를 편다.

발우공양시 죽비 1성은 ① 게송을 낭송할 때 ② 천수물과 식사를 돌릴 때 ③ 찬상을 물리고 발우를 닦을 때 ④ 천수물을 거둘 때 친다.

---

8) 대둔산 수련원 엮음, 『수련』 향림출판사, 1997, 239-240쪽 참고.

죽비 2성은 식수(숭늉)를 돌릴 때 친다.
죽비 3성은 ① 입정 ② 전발 ③ 공양 시작 ④ 공양 끝에 친다.

5) 천수물 공급

죽비를 한 번 치면 배식 담당자가 천수물을 돌린다. 천수물은 상석으로부터 시작하여 우측 또는 좌측으로 돌아 하석으로 간다. 천수물은 1번 발우를 두 손으로 받쳐서 받는데, 이를 3번 발우에 부어야 하기 때문에 큰 발우에 가득 받으면 3번 발우에 다 들어가지 않고 넘치게 된다.

그러므로 적당량을 조정하여 받아야 한다. 물을 붓는 사람은 받는 사람이 중단의사를 표할 때까지 계속 붓게 되므로 천수물이나 마실 물을 받을 때에는 발우를 좌우로 살짝 흔들어 됐다는 표시를 해야 한다.[9]

6) 진지(進旨, 배식)와 가감

찬합을 상판에서 하판으로 돌리며 찬합이 자기 앞에 오면 먹을 만큼 덜어서 4번 발우에 담는다. 1번 발우는 밥, 2번 발우는 국, 4번 발우는 반찬을 담는다. 3번 발우에는 발우를 닦을 천수물이 있다. 음식을 남길 수 없으므로 적당량의 반찬을 선택하여 4번 발우에 담아야 한다.

진지하는 사람, 즉 한 사람은 밥을, 또 한 사람은 국을 푼다. 대중이 많은 경우에는 네 사람을 선정하여 두 사람이 좌우로 밥을 배식하고 두 사람이 좌우로 국을 퍼도 된다. 음식을 공급하는 사

---

9) 김길원 편저, 앞의 책, 322쪽 참고.

람이나 받는 사람이나 말을 해서는 안 된다. 받는 사람은 밥을 푸는 동안 합장하고 있으며, 큰 발우에 밥을 받을 때에는 두 손으로 발우를 받쳐들고 이를 이마 높이까지 올린 다음 내려놓는다.

진지가 끝나면 가감을 한다. 가감은 밥만 하는 것이며 국이나 반찬은 가감이 없다. 반찬은 자기가 먹을 만큼 덜어가고 국은 받을 때에 적당한 양이 되면 그만 하라는 신호를 하기 때문이다. 배식하는 사람은 국이나 물을 공급할 때에 받는 사람이 중단하라는 표시를 할 때까지 계속해서 공급해야 한다. 배식하는 사람의 판단으로 적당량만을 공급하게 되면 받는 사람의 의사와 상반될 수도 있다.[10]

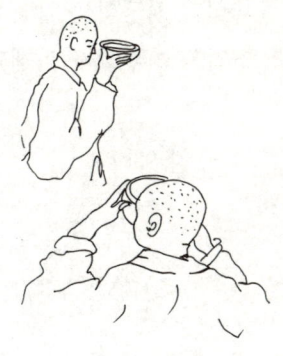

봉발 발우를 받들어 이마까지 올리는 것이다.

7) 오관게(五觀偈) 낭송

오관게는 식사할 때 관하는 다섯가지 게로서, 죽비를 한 번 치면 대중은 합장하고 다음과 같은 오관게를 외운다.

    온갖정성 두루쌓인 이공양을(計功多少量彼來處)
    부족한 덕행으로 감히받누나(忖己德行全缺應供)
    탐심을 여의어서 허물을막고(防心離過貪等爲宗)

---

10) 김길원 편저, 앞의 책, 322쪽 참조.

육신을 지탱하는 약을삼으며(正思良藥爲療形枯)
도업을 이루고자 이제먹노라(爲成道業膺受此食)[11]

8) 공양시작

공양받음 밥을 먹을 때에는 허리를 굽혀서는 안 된다.

오관게(五觀偈) 낭송을 마치고 죽비를 세 번 치면 대중은 앉아서 합장 반배하고 공양을 시작한다. 밥을 먹을 때에 허리를 굽혀서는 안 된다. 왼손으로 큰 발우를 들어서 입의 높이까지 가져다가 숟가락으로 먹어야 한다.

그리고 국을 먹으려면 어시발우를 땅에 놓고 다시 같은 요령으로 국그릇인 2번 발우를 들고 국을 먹는다. 반찬을 먹고자 할 때에는 4번 발우를 같은 요령으로 들어서 반찬을 먹는다. 밥그릇을 든 채 땅에 있는 국그릇의 국을 퍼서 먹는다든지 밥그릇이나 국그릇을 든 채 젓가락으로 땅에 있는 4번 발우에서 반찬을 집어먹으면 안 된다.

국을 말아서 먹을 때에는 밥그릇에 말지 말고 국그릇에 말아야 한다. 발우공양이 서툰 사람은 국그릇에 밥을 말고 반찬까지 함께 해서 국그릇만 들고 먹으면 된다. 그리고 반드시 김치 조각이나 무우조각 하나를 남겨서 이를 식수로 발우 닦는데 사용해야 한다.

죽비를 두 번 치면 식수를 돌린다. 식수를 1번 발우에 받아서 1, 2, 4번의 발우와 수저를 닦은 후에 마셔야 하는데, 숙달이 되지 않은 사람은 그릇 닦은 물을 많이 마시기 곤란하다. 그러므로 1번 발우에 받은 식수를 적당히 먼저 마시고 조금 남겨서 그릇을 헹군 다음 마시면 된다.[12]

다음 죽비를 한번 치면 찬상을 치운다. 찬합과 밥통 그리고 국통을 밖으로 내가는 것이 좋다.

9) 발우닦기와 천수물 거둠

천수물을 이용하여 손으로 발우를 닦고 다시 발우 수건으로 물기를 닦는다. 발우 닦기가 끝난 듯하면 죽비를 한 번 쳐서 천수물을 걷도록 한다.

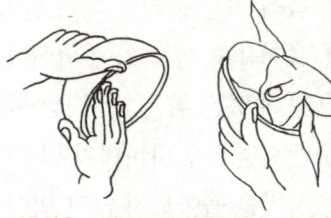

발우닦음 천수물을 이용하여 손으로 발우를 닦고 발우수건으로 물기를 닦는다.

10) 수발과 회향

발우를 여법하게 닦아 묶은 다음 자기 앞에 놓고 죽비를 한 번 쳐서 다음과 같은 수발게(收鉢偈)를 외우도록 한다.

크신은혜 넘치는 공양받으니 (飯食已訖色力充)
몸과마음 안강하고 청정하여라 (威振十方三世雄)
바라건대 모든중생 고해를벗고 (回因轉果不在念)
위없는 보리도를 이뤄지이다. (一切衆生獲神通)

수발게가 끝나는 구절에서 죽비를 세 번 치면 '마하반야 바라밀' 하고 염하며 반배함으로써 공양을 마친다.

---

12) 김길원 편저, 앞의 책, 323쪽 참고.
13) 어린이불교 교육연구소 엮음, 앞의 책, 305쪽 참고.

제4절_ 공양시 주의사항[13]

① 수저소리가 나지 않게 조용히 하여야 한다.
② 발우 소리를 내지 말아야 한다.
③ 음식 먹는 소리를 내지 말아야 한다.
④ 음식을 떠서 한입에 먹어야 한다.
⑤ 밥에 있는 뉘는 까서 먹어야 한다.
⑥ 어시발우에 비벼먹지 말아야 한다.
⑦ 사방을 돌아보지 않고 먹어야 한다.
⑧ 일체 잡담을 금한다.
⑨ 자세를 끝까지 지켜야 한다.

제19장

다도

제1절 차 문화사
제2절 차의 분류
제3절 차의 효능
제4절 차의 도구
제5절 차 마시는 법
제6절 차와 불교

제 19 장

다 도

일찍이 우리 조상들이 다례(茶禮)를 후손에게 물려주었으나 그 가치와 멋을 잃어버렸다. 그러나 다행스러운 일은 신라, 고려, 조선을 거쳐 오늘에 이르기까지 다도의 명맥이 끊이지를 않고 사찰이나 서원 또는 일부층에서 이어지고 있다는 사실이다. 최근 들어서는 전통문화에 대한 관심이 높아지면서 다도문화가 확산되고 있다.

우리 나라 삼남지방에서는 어느 산, 어느 지대에서든지 차나무가 예로부터 성장해 오고 있다. 금수강산에 자라나는 차나무 잎사귀로 만든 차, 이것은 자연이 우리 인간에게 베풀어준 가장 좋은 선물중의 하나다. 그 오묘하고도 아늑한 향기, 황금 빛깔의 색, 입 안에 들면 만 가지의 맛을 느끼게 해준다.

제1절_ 차 문화사

1) 차의 정의

차(茶)라고 하는 것은 식사 후나 여가에 즐겨 마시는 기호 음료를 말한다. 그러나 최근에는 우리가 끓여 마시는 것을 모두 차라고 한다. 심지어 커피, 쥬스까지도 차로 알고 있는 경우가 많다. 이는 지극히 잘못된 일이다. 정확히 말하자면 차란 차나무의 순(筍)이나 잎(葉)을 재료로 해서 만든 것만을 차라고 할 수 있다.[1]

차나무는 후피 향나무과에 속하는 상록관목 식물이다. 나무의 여린 순(筍)과 잎(葉)을 따서 적법한 법제에 따라 만들어진 차를 품성이 좋은 물을 잘 끓여서 그 물로 적당한 시간에 따라 우려낸 음료를 차(茶)라고 한다.

2) 차의 원산지

중국 운남성에 있는 소엽종(小葉種)과 인도 아샘 지방의 대엽종(大葉種)이 그 주류를 이룬다. 학자들에 의하면 야생 차나무의 유전적 형질과 차 잎의 생화학적 연구에 따라 중국종이 원종이라고 한다.

우리 나라의 경우 차의 분포를 살펴보면 보통 남부 지방에 중심으로 산재되어 있다.

① 경상도 : 양산, 울산, 김해, 경주, 사천, 하동, 부산
② 전라도 : 대흥사, 강진, 보성과 화엄사, 쌍계사, 천은사

3) 차의 역사

우리나라의 차의 전래와 차에 관련된 이야기는 다음과 같다.

---

1) 김길원 편저, 『불자예절과 의식』 불광출판사, 1996, 297쪽 참고.

차밭 우리나라의 경우에 차는 주로 남부지방을 중심으로 재배, 생산되고 있다.

(1) 가락국 왕비 설화 (1세기, 서기 48년)

"삼국유사에 의하여 가락국 수로왕에게 허왕후가 인도에서 시집오면서 혼수품으로 폐물과 차씨를 가지고 와서 김해 백월산에 심어서 수로왕에게 차공양을 올렸다"고 전한다.(조선불교통사)[2]

(2) 불교의 북방 전래설 (4세기, 서기 372년)

중국 진나라 부견왕이 고구려 소수림왕2년 순도스님에게 불경·불상과 함께 차를 보내왔다.

(3) 화랑도와의 관계 (6세기경, 서기 576년)

신라 국선 화랑도의 정신수련은 차생활을 통하여 이루어졌으며 「동유기(東遊記)」에 "강릉 경포대에 차도구가 있다" 했다.

---

2) 어린이불교 교육연구소 엮음, 『설법과 교리』 붓다가야, 1998, 304쪽 참고.

(4) 통도사의 차역사

① 삼국사기 : 신라 흥덕왕 3년(828년). "당나라에 사신으로 갔던 김대겸이 차 씨앗을 가져오자 왕은 지리산에 심게 했다. 그러나 차는 이미 선덕여왕 때부터 있었으나, 이때에 이르러 성행되었다."

② 동국여지승람 : 신라 선덕여왕 5년(632~647년). 자장율사가 당나라에서 차 종자를 가져와 통도사 북동을산(北冬乙山)에 재배하였다.

③ 통도사 사적기 : 북쪽에 있는 동을산(冬乙山) 다촌은 차를 재배해서 절에 올리던 곳이다. 그 때 쓰던 솥과다천은 지금도 남아있다. 이후 사람들이 여기를 다소촌(茶所村)이라 한다. 다천(茶泉)이 있는 곳은 지금의 하북면 소재의 못안 부락이다. 큰절 쪽 중간지점 잠방골(暫放谷)은 부처님께 올리는 향과 차와 초를 준비하는 곳이다. 속진의 번뇌를 다 놓고, 육근을 청정히 하는 곳이다.

④ 고려 4대 광종

명월요에서 달을 보고 向月於明月寮
금당에서 종을 치고 擊鐘於金堂
황화각에서 침식을 하고 寢食於皇華閣
감로당에서 차를 올렸다. 奉茶於甘露堂

⑤ 충담스님설화(8세기 742~765년)

신라 경덕왕 24년 남산 미륵세존께 차공양을 올린 사실과 경덕왕대에 차의 기미(氣味)와 향을 식별할 수 있었다면, 760년 저술된 『다경』과는 상관없이 신라인들이 이미 차의 진수를 터득하고 있었다는 것이다. 그리고 『다경』에 "실내다법과 야외다법이 있기는 하지만 신라인들은 이미 이를 개발하여 충담이 차통을 메고 다니듯 화랑들이 산천유오(山川遊娛)에 알맞게 야외다구를 개발하고 있다"는 대목이 있다.[3]

⑥ 김교각 스님(705~803년)

신라 왕자출신 스님으로서 중국으로 가서 중국 불교 4대 성지 중의 하나인 지장도량을 개창한 인물이다.[4] 김교각 스님은 신라의 차를 중국에 전했으며, 지금도 지장 도량인 구화산에 가면 김교각 스님의 이름을 따서 차의 이름을 김지장차라고 부르고 있다.

4) 우리 나라의 다서(茶書)

(1) 다신전(茶神傳)

조선 후기의 고승 초의(草衣)[5]가 쌍계사 칠불암에서「다경채요(茶經採要)」를 등사하여 정서(淨書)한 다서(茶書)이다.(순조28년)

(2) 동다송(東茶頌)

초의(草衣)가 차에 대하여 송(頌) 형식으로 지은 책이다. 모두 31송으로 되어 있다. 이 책에 나타난 초의의 다도 정신은 다선일미사상(茶禪一味思想)과 통한다.

---

3) 김길원 편저, 앞의 책, 302-312쪽 참고.
4) 金吉祥 편,『불교학대사전』홍법원, 1998, 2510쪽 참고.
5) 김길원 편저, 앞의 책, 299쪽 참고.

제2절_ **차의 분류**

1) 잎의 모양
 일창일기(一槍一旗), 일창이기(一槍二旗)라는 말이 있다. 창(槍)이라는 것은 차싹의 끝인 생장점 모양이 뾰족한 창끝과 비슷하다는 뜻이고, 기(旗)란 깃발이라는 뜻으로 찻잎 모양을 펄럭이는 깃발에 비유하였다. 일기(一期)란 찻잎 하나가 난 것을 의미하고 이기(二期)란 움과 찻잎 두 개가 돋아난 것을 말한다.

2) 빛깔
 자주빛(上品), 푸른빛(中品), 누런빛(下品)

3) 시기[6]
 차의 이름은 차를 따는 시기에 따라 이름이 다르다.
 ① 화전차(花煎茶) : 한식(寒食) 이전 – 양력 4월 5~6일경
 ② 화후차(火後茶) : 한식 이후 – 양력 4월 5~6일경
 ③ 기화차(騎火茶) : 한식 때 – 양력 4월 5~6일경
 ④ 우전차(雨前茶) : 곡우(穀雨) 이전 – 양력 4월 20~22일경
 ⑤ 우후차(雨後茶) : 곡우(穀雨) 직후 – 양력 4월 20~22일경
 ⑥ 입하차(立夏茶) : 입하 때 – 양력 5월 6~8일경
 ⑦ 추차(秋茶) : 입추 때 – 양력 8월 8~10일경
 ⑧ 매차(梅茶) : 망종(芒種) 때 – 양력 6월 5~7일경

---

6) 김길원 편저, 앞의 책, 318-319쪽 참고.

4) 제다법에 따른 분류

① 일쇄차(日曬茶) : 찻잎을 전혀 볶지 않고 햇빛에 쬐어 말리는 차
② 부초차(釜炒茶) : 볶아서 만드는 차 - 수미차, 보향차, 유비차
③ 증제차(蒸製茶) : 수증기로 쪄서 만드는 차 - 설록차, 봉로차
④ 반발효차(半醱酵茶) : 청차, 포충차, 우롱차
⑤ 발효차(醱酵茶) : 띄워서 만드는 차 - 보이차, 홍차
⑥ 병다(餠茶) : 떡처럼 만드는 차 - 떡차, 돈차
⑦ 향편차 : 연꽃향차
⑧ 말차(抹茶) : 가루차
⑨ 원후차(猿候茶) : 절강성의 천태산과 천목산에서 원숭이가 따는 차

5) 차의 명칭

육우는 그의 『다경(茶經)』 일지원(一之源)에서 "그 이름이 첫째는 다(茶)요, 둘째는 가(檟), 셋째는 설(蔎)이요, 넷째는 명(茗)이요, 다섯째는 천(荈)이다."[7]

이 외에도 차를 가리키는 말로는 불경(佛經)에서 나오는 알가(閼伽)라는 것이 있고 영어(英語)로는 티(TEA)와 세계 각국의 공용 학술어(學術語)인 데아(THEA)가 있다. 차(茶)의 명칭에 대한 해설은 다음과 같다.[8]

① 다(茶) : 일찍 딴 것을 다(茶)라고 한다. - 곽홍농(郭弘農)
② 가(檟) : 가(檟)는 쓴 차(苦茶)이다. - 주공(周公)

---

7) 김길원 편저, 앞의 책, 320-321쪽 참고.
8) 대둔산 수련원 엮음, 『수련』 향림출판사, 1997, 239-240쪽 참고.

③ 설(蔎) : 촉(蜀)나라 서남 사람들이 차를 설(蔎)이라고 한다.
   - 양집극(楊執戟)
④ 명(茗) : 늦게 딴 것을 명(茗)이라고 한다. - 곽홍농(郭弘農)
⑤ 천(荈) : 일설에 늦게 딴 것을 천(荈)이라고도 한다. - 곽홍농(郭弘農)
⑥ 알가(閼伽) : 범어(梵語)로 'Arghya'라고 한다. 알가는 향기로운 차를 말한다. - 화엄경(華嚴經)
⑦ 도(荼) : 도(씀바귀)는 다(茶)와 서로 통한다. - 본초(本草)
⑧ 티(TEA) : 복건성 아모이의 말. 'TAY' 건너가 전변 되었다.

(6) 차의 이름
① 죽로차(竹露茶) : 반음 반양의 대숲에서 대이슬을 맞고 자란 부드러운 찻잎으로 만든 차
② 작설차(雀舌茶) : 찻잎의 크기가 참새의 혓바닥 만한 어린잎으로 만든 차
③ 응조차(鷹爪茶) : 차의 순(筍)이 매의 발톱을 닮은 것으로 만든 차
④ 맥과차(麥顆茶) : 차의 순(筍)이 보리의 낱알을 닮았을 때 만들었다는 차
⑤ 설녹차(雪綠茶) : 눈이 아직 덜 녹은 이른봄에 일찍 만든 차

제3절_ **차의 효능**

차의 성분에는 카페인, 탄닌, 비타민(A, B_1, B_2, C, E 등), 엽록소, 유기산, 효소성분, 무기성분(회분), 단백질, 펙틴, 포도당, 과

당, 아미노산, 아미드 등 각종 우리 몸에 이로운 것들이 많이 들어 있다. 1827년 차 속에 카페인이 들어 있는 것이 발견되면서부터 본격적인 차 연구가 시작되었다. 토양이나 햇볕, 습도 등 자연 조건, 또 따는 시기와 제다법에 따라 양분이 조금씩 다르긴 하지만 차 잎은 70~80%의 수분과 20~30%의 고형 물질(固形物質)로 이루어져 있음을 알았다.[9]

차나무의 성질은 조금 냉(冷)하다고 한다. 그 맛은 달고 쓰면서 독이 없는 식물이다. 그의 성질이 쓰고 차서 기운을 내리게 하며 체한 음식을 소화시켜 주고 머리와 눈을 맑게 해준다.

또 우리가 차를 마시면 얻는 이익을 차의 아홉가지 덕(九德)이라 하고 그 이익은 다음과 같다.[10]

첫째, 머리를 맑게 해주고(利腦), 둘째, 귀를 밝게 해주고(明耳), 셋째, 눈을 밝게 해주고(明眼), 넷째, 밥맛을 돋구고 소화를 촉진시켜 주고(口味助長), 다섯째, 술을 깨게 해주고(醒酒), 여섯째, 잠을 적게 해주고(少眠), 일곱째, 갈증을 멈춰주고(止渴), 여덟째, 피로를 풀어주고(解勞), 아홉째, 추위나 더위를 막아준다.(防寒陟暑)

1) 탄닌(tannin acid)의 4대 약리작용

① 해독작용(解毒作用) : 알칼로이드, 유해성 중금속, 니코틴을 체외로 배출한다.

② 살균작용(殺菌作用) : 병원균을 죽게 한다.

③ 지혈작용(止血作用) : 설사나 이질을 치료하고 장, 위의 점막

---

9) 김길원 편저, 앞의 책, 322쪽 참고.
10) 김길원 편저, 앞의 책, 322쪽 참조.

을 보호한다.
④ 소염작용(消炎作用) : 벌레에게 물렸을 때 진한 차일수록 효과가 높다.

2) 카페인(caffeine)의 3대 약리작용
① 각성작용(覺醒作用) : 피로회복과 기분 전환, 기억력을 증대한다.
② 강심작용(强心作用) : 심장의 운동을 활발하게 하여 혈액순환이 잘 된다.
③ 이뇨작용(利尿作用) : 신장의 혈관을 확장시켜 배설 작용을 도와주고 노폐물이나 유독 성분을 몸밖으로 배출한다.

제4절_ 차의 도구(茶具)

다생활(茶生活)을 하는데 필요한 차(茶)의 살림살이며 한잔의 차(茶)를 내는 데 합리적이고 편리한 생활(生活)을 하게 만들어 놓는 도구를 말한다.

1) 다관(茶罐)[11]
다관은 차잎을 우려내는 그릇으로 종류는 다음과 같다.
① 손잡이가 위로 달린 것(上手型)
② 손잡이가 뒤로 달린 것(後手型)

---

11) 대둔산 수련원 엮음, 앞의 책, 241쪽 참고.

차도구 좌측 상단에서부터 차례로 ①다관 ②찻잔 ③숙우 ④다탁 ⑤찻상 ⑥탕관 ⑦퇴수기 ⑧차통 ⑨물항아리, 차칙, 차수저 등이다.

　③손잡이가 옆으로 달린 것(橫手型)
　④손잡이가 없는 것(寶瓶型) 등이다.
　다관의 종류에 따라서 백자는 맑고 깨끗하다. 그러나 다구로는 너무 적나라하고 쌀쌀해서 온화함이 없다. 청자는 비취색이며 아름답다. 그러나 차 빛깔이 보이지 않아 초심자에게는 부적합하다. 분청은 소박하고 정겨우며 다신이 베어 변화무쌍한 멋이 깃든다.

2) 찻잔(茶盞)

　차를 따라 마실 때 쓰는 그릇으로 도자기를 주로 쓴다. 찻잔은 생김에 따라 그 명칭을 달리한다.
　①다완(茶碗) : 잔의 입이 넓고 크며 밑이 좁고 크기가 크다.
　②다구(茶具) : 입과 밑의 넓이가 비슷하고 굽이 높으며 수직으

로 생겼다.

③ 다종(茶鐘) : 사원의 범종과 같은 모습을 축소시켜서 만들었다.

④ 찻잔 : 다완을 줄여서 만든 것 같으며 입은 넓고 밑은 좁고 굽이 낮다.

3) 숙우(熟盂)

물식힘 사발이다. 귀사발, 귓대, 미뚜리라고도 한다.

한쪽 귀가 달린 것이어야 하고 물을 따르기가 쉽게 귀가 완만한 것이 좋다.

4) 다탁(茶托)

찻잔 받침으로 은, 동, 철, 가지, 나무가 있으나 소리가 나거나 깨어지고 녹이 슬고 하는 병폐가 있으므로 나무(木製)로 만든 것이 좋다.

5) 차상(茶床)

둥글거나 네모진 것이 대부분이다. 크기는 다관과 찻잔, 숙우, 차수저 등을 올려놓을 수 있을 정도면 족하다.

6) 탕관(湯罐)

찻물을 끓이는 주전자로서 여러 종류가 있으나 돌솥이 좋으며 자기나 옹기, 은제품(銀製品)도 좋다.

7) 퇴수기(退水器)

차도구를 씻는 그릇이다. 다관 데운 물을 버리기도 하고 차 찌꺼기를 씻어 내기도 한다.

8) 기타

차수저(茶匙), 차수건(茶巾), 찻상포(茶床布), 물바가지(杓子), 물항아리(水桶), 차통(茶桶) 등이 있다.

제5절_ 차 마시는 법

차는 아버지요, 물은 어머니라고 한다.
아무리 좋은 차라도 물이 나쁘면 차 맛을 잃게 된다.
차에 쓰이는 물로서는 산상수(山上水)가 으뜸이다.

① 물을 펄펄 끓인다. 물을 너무 끓이면 밥이 눌어 누룽지가 되듯이, 물맛도 노숙(老熟) 해지게 되어 차 맛 또한 없어진다.
② 끓인 물을 식힘 사발에 따루어 식힌다. 좋은 차일수록 낮은 온도에서 우려내야 향, 색, 미가 살아난다.
③ 물을 약간 식히는 동안 뜨거운 물로 다관과 찻잔에 부어 냉기를 없애 준다.
④ 알맞은 차의 분량을 덜어내어 다관에 넣고 식힌 물을 붓는다.
  ㉮ 상투법(여름) : 물을 먼저 넣고 차를 나중에 넣는다.
  ㉯ 중투법(봄가을) : 물을 절반 붓고 차를 넣은 후 물을 붓는다.
  ㉰ 하투법(겨울) : 차를 먼저 넣은 후 물을 나중에 붓는다

다관에 넣는 차와 물의 알맞은 분량이란 그 차를 마실 사람이 저마다 한 잔씩 마실 분량을 말한다.

⑤ 2~3분 있다가 차 맛이 알맞게 우러나왔을 적에 찻잔에 따라 마신다. 왼손으로 다관 뚜껑을 살며시 누르면서 조용히 조금씩 번갈아 가며 따른다. 이는 차의 맛과 농도를 일정하게 하기 위함이다.

⑥ 음다 순서 : 주두다각(酒頭茶脚)

㉮ 술은 어른께 먼저 드리고 차는 어른께 나중에 드린다.

㉯ 술은 맨 위의 것이 맛있고 차는 나중의 것이 맛있다.

오감작통(五感作統)이란 눈은 차의 빛깔을 감상하고, 코는 싱그러운 향기를 맡고, 귀는 차솥에 끓는 물소리를 듣고, 손은 다기(茶器)를 통해 따뜻한 감촉을 느끼고, 혀는 차의 맛을 음미한다.

실용다법(實用茶法)은 격식이나 절차가 없는 생활차로서 차를 다려내는 데는 편리하고 합리적인 다구가 필요하다. 차를 즐기려면 다도구(종류) 22가지가 필요하지만 간단히 일상 생활차를 하는 데는 필요한 것만 구입해서 차 생활을 즐길 수도 있다.

제6절_ 차와 불교

차와 불교는 선(禪)사상이 크게 자리 잡았다. 스님들이 차를 마시는 것은 수행과 같다고 해서 다선일여(茶禪一如)라고 한다. 고려시대의 이규보(1168~1241년)는 "스님의 품격이 높은 것은 오직 차를 마시기 때문이라네" 라고 하였고, 서산대사도 "낮이면 차 마시고 밤이면 잠잔다" 고 한 것은 차 마시는 것을 스님의 수행으로 여겼음을 나타낸다. 이와 같이 차를 끓여 마시는 일은 선(禪)에 드는 일이며, 차(茶)와 선(禪)은 마음 상태가 같고 느끼는 경지가 같으며 깨우치고자 하는 목적이 같다고 한다. 차 문화는 오래 전부터 불교와 매우 밀접한 관계를 가져[12] 차는 육법공양물의 하나로서 불교의례에 사용되고 있다.

1) 대웅전
내 이제 깨끗한 물 올리오니 (我今淸淨水)
감로수로 변하여지이다. (變爲甘露茶)
삼보전에 올리고져 하오니 (奉獻三寶前)
자비로이 거두어주소서 (願垂哀納受)

2) 불상 점안 때
깨끗한 차 한잔 (淸淨茗茶藥)
모든 병액 없애소서 (能除病昏沈)
오직 대중들을 옹호하소서 (唯冀擁護衆)
자비로이 거두어 주소서 (願垂慈悲哀納受)

3) 나한전
이제 감로차를 가져 (今將甘露茶)
나한님께 올리오니 (奉獻羅漢前)
애틋한 마음으로 보살펴서 (鑑察虔懇心)
자비로이 거두어 주소서 (願垂哀納受)

---

12) 김길원 편저, 앞의 책, 323쪽 참고.

4) 괘불을 옮길 때
이제 묘약과 차로서 (今將妙藥及茗茶)
영산 법회에 올리오니 (奉獻靈山大法會)
이 간절한 마음 살피시어 (俯鑑檀那虔懇心)
원컨대 자비로이 거두어 주소서 (願水慈悲哀納受)

5) 헌공양(獻供養)
널리 광명을 놓고 향으로 장엄하니
(普放光明香莊嚴)
종종 묘향이 가득해 시방국토의 모든 대덕존께 공양한다.
(種種妙香集爲帳 普散十方諸國土 供養一切大德尊)
다시 광명을 놓고 차로 장엄하니
(又放光明茶莊嚴)
종종 묘다가 가득해 시방국토의 모든 영가에게 공양한다.
(種種妙茶集爲帳 普散十方諸國土 供養一切靈駕衆)
다시 광명을 놓고 쌀로 장엄하니
(又放光明米莊嚴)
종종 묘미가 가득해 시방국토의 모든 고혼들께 공양한다.
(種種妙米集爲帳 普散十方諸國土 供養一切孤魂衆)

이것으로 보아 차를 비롯하여 향, 등, 꽃, 과일, 쌀 등은 공양의 필수품임을 짐작하게 된다.

제 20 장

오늘의 불교제언

제1절 불교와 사회복지
제2절 불교의 포교

제 20장

오늘의 불교제언

제1절_ 불교와 사회복지

1) 사회복지(社會福祉)의 의미

　사회복지는 사회적(Social)에다가 복지(Welfare)라는 단어를 더한 합성어다. Welfare란 well(좋은·만족한다)과 fare(상태·살아간다)로 '만족스럽고, 행복한 삶'이란 뜻이다. 복지(福祉)라는 용어는 물질적으로 부(富), 번영, 안녕을 바라며 정신적으로 쾌락과 만족의 조건이 이루어졌을 때를 말한다.

　인간은 누구나 이러한 복지를 누리고자 하나 현실적으로 복지를 누리지 못하는 사람이 존재한다. 과거에는 복지생활을 하지 못하는 책임을 개인으로 돌렸으나 현재와 미래에는 그 책임과 원인을 그 사회구성원의 공동에게 돌려서 국가와 사회가 공동으로 노력하자는 것이 일반적인 방향이다. 그러기 위해서는 개인주의에서 대중주의로 전환이 필요하다. 또한 복지활동은 개인의 이윤추구와 같은 경제적 논리가 아니라, 대중을 위한 사회적 동기라야 한다.

2) 불교의 복지이념

종교는 인류가 다함께 행복하고 평화롭게 살수 있도록 하는 것이 목표다. 특히 불교는 자리이타의 보살사상을 자비의 실천을 통하여 정토를 건설하고 함께 깨달음을 얻고자 함이다.

역사적으로 자선사업(Social service)에서 사회사업(Social work)을 거쳐 사회복지(Social Welfare)의 단계까지 왔다. 이러한 시점에서 불교의 위상을 정립하고 미래세계를 향하여 방향 설정을 제시해야 할 것이다.

(1) 자비(慈悲)정신

불교는 깨달음과 자비(慈悲)의 종교다. 『대지도론』에 "자(慈)는 중생에게 즐거움을 주는 것이고 비(悲)는 중생을 괴로움에서 건져주는 것이다" 라고 하였고, 『무량수경』에서는 "내가 무량겁에 걸쳐 대시주자가 되어 널리 빈곤과 고통을 구제하지 못한다면 맹세코 정각을 이루지 않으리라"고 하여 불교의 사회적 의미를 명백하게 하였다. 국가와 사회가 존재하는 한 영원하도록 중생들의 복지의 기본 정신이 될 것이다.

(2) 보시(布施)정신

정신적, 물질적으로 남에게 아낌없이 주는 것을 보시라 한다.
『계경(戒經)』에 "지혜로운 사람이 보시함은 이웃의 불행한 사람에 대한 연민 때문이고 다른 사람들에게 안락함을 얻게 하기 위함이며, 주위의 사람들로 하여금 보시의 마음을 일으키도록 하기 위함이며, 모든 번뇌를 끊고 열반에 들어 유루의 업을 단절하고자 함이다. 지혜로운 사람의 보시는 보답을 바라고 하지 않으며, 사후에 극락세계에 태어나기 위함도 아니고, 명성을 밖으로 드날리고자 함도 아니며, 삼악도의 고통이 두려워서 함도 아니며, 가문의 법칙이기 때문은 더욱 아니다. 오로지 남으로 하여금 안락을 얻게 하고자 하기 때문이며, 자기 스스로의 연민심과 자비심에서 나온 것이다. 보시를 행함에 과보를 구하지 말고, 마음과 베푸는 재물에 인색하지 말며, 때와 장소 그리고 상대를 선택하지 말라"고 하였다. 경전 속의 복지사상은 빈곤자, 고독자, 병자에게 보시해야 된다고 하는 복전, 이웃과 사회의 은혜에 보답한다고 하는 보은, 온 인류를 한가족으로 보는 생명존중 등의 내용으로 가득하다.

3) 한국 불교복지의 현실과 방향

보건사회부에 등록된 사회복지시설 법인 중에 불교 사회복지시설이 차지하는 비중은 적은 실정이다.

시설 중에는 아동시설, 청소년, 부녀자, 노인시설, 정신 요양자, 부랑인을 위한 시설 등 수용된 10만여명 중 2%가 불교복지시설에 수용중이다. 시설의 영세성, 전문인의 부족으로 교육 프로그램이 부족하다.

이밖에 사찰이나 스님들이 운영하는 염불원, 대자원, 자비원, 탁아원, 요양원, 갱생 보호원 등이 있다.

불자들이 적극적으로 불교 단체를 통하여 사회복지 활동에 대한 참여가 절실히 요구되는 사항이다. 앞으로 불교 사회복지가 제 궤도에 오르기 위해서는

① 종단 차원에서 보다 분명한 관리가 필요하고
② 전문연구기관을 두어 전문화시대에 대처하며
③ 후원회를 조직하여 재정확보를 도모하며

④ 자원봉사에 적극적으로 동참하여

⑤ 사회복지에 대한 불자들의 의식계몽과 고취가 필요하다.

제2절_ 불교의 포교

우리는 현대 사회에서 종교의 기능과 역할에 대한 재조명이 필요하다. 21세기를 맞는 한국 불교 역시 한국 사회에 대해서, 인류의 미래에 대해서, 그리고 나아가 불교의 미래에 대해서, 분명한 청사진과 비전을 제시하지 않으면 안 된다.

불교가 사회 전반에 많은 영향을 끼친 것은 부인 할 수 없는 사실이다. 그러나 불교의 현실을 직시해 볼 때 많은 과제가 있다.

역경(譯經) · 포교(布敎) · 도제(導才)가 교단의 3대 사업이라고 할 수 있다. 이들은 엄밀한 의미에서 포교를 위한 방편이다. 특히 포교 부분에 있어서 보다 적극적이고 진취적인 대안이 필요하다. 포교는 종교의 생명이요 전법은 불자의 의무다. 아무리 훌륭한 종교가 있다 해도 그것을 믿고 행하는 사람이 없다면 한낱 허울에 불과할 뿐이다.

국내외의 정치, 경제, 사회 문화의 다양함 속에서 불교의 현실을 긍정적이고 보다 냉철한 판단을 통하여 민족 종교 · 세계 종교로서 거듭나고자 함이다.

1) 포 교

불교의 최고 가치는 뭐니뭐니 해도 철저한 자기성찰, 자아발견 곧 깨달음이다. 그러나 성불 뒤에 중생을 제도한다고 하는 단계적

인식만으로 불교는 시대적 변혁에 능동적으로 대처 할 수 없다. 따라서 포교는 깨달음을 위한 수행, 중생 제도, 대중 포교 활동이 병행되어야 한다.

그러면 우리는 포교를 위해서 어떠한 대안을 갖고 있는지 궁금하다. 몇 번의 개혁이 있었지만 그다지 크게 변한 것이 없다. 기껏 변한 것은 인사이동 정도다. 포교는 결코 멀리 있는 것이 아니다. 불교의 생활화, 불교의 대중화, 나아가서 생산적인 불교를 하는 가운데 자연스럽게 진행되는 것이다. 또한 포교의 방법도 기존의 설법중심에서 뉴 미디어를 통한 포교와 주먹구구식의 포교에서 체계적이고 현실에 맞는 포교가 이루어져야 한다.

2) 역경

경전의 의미가 표현상 어렵기 때문에 의미나 내용이 일반 불자들에게 쉽게 접근되지 않는 경우도 많다. 심지어 이해되지 않는 편이 좋을 것이라는 논의가 지나치게 소박하고 사치스럽게 들리는 까닭은 무엇일까?

부처님께서 근기에 따라 설법하셨던 것처럼(대기설법) 불자들에게 맞는 역경이 필요하다. 정말 제대로 된 시스템, 재정의 뒷받침, 불특정 다수가 아닌 많은 대중을 위한 역경이 필요하다.

어린이나 청소년에게 맞는 경전의 내용을 읽을 수 있도록 역경을 배려해야 한다. 의식·설법의 내용이 한글로 정착되어 사용되고 있지 못한 것 역시 걱정이 아닐 수 없다.[1] 교계 신문의 경우에

---

1) 원명,「韓國靑少年佛敎의 現實과 展望에 관하여」,『釋林論檀』第27輯, 1994, 264쪽 참고.

도 알지 못하는 많은 한자를 사용하고 있다. 역경의 문제는 보다 많은 사람에게 부처님의 말씀을 전하고 일반인들에게 다가서는 데 있다.

3) 인재양성

불교는 젊은 인재의 활용과 양성에 적극적이어야 한다. 인재양성의 필요성에 대하여 공감은 하고 있으나, 종단의 교육정책과 자체 인력의 관리에도 미흡하다. 종단 차원에서든지 개별 차원에서든지 아무튼 인력 관리의 소홀은 불교 발전에 커다란 장애가 된다.

변화하지 않고 현실을 파악하지 않는 불교는 살아남을 수 없다. 인재의 양성은 바로 21세기에 살아남는 불교의 초석이 되는 것이다. 젊은 불자들의 활약은 현실에 안주하는 불교를 진취적이고 미래지향적인 종교로 변하게 한다.

4) 종무행정

포교 · 인재양성 뿐만 아니라, 하루가 다르게 변화하는 사회에 발 맞추는 종무행정은 더더욱 필요하다. 불교는 사회 변화속에 거듭나는 종교로서 다가설 필요가 있다. 그 역할의 제시를 행정 차원에서 "종교-종교인-신도"로 연결시키는 역할을 통해 미래사회를 위한 준비에 앞장서야 한다.

(1) 사회복지 행정

불교는 인간 구제의 종교이다. 사회의 질서를 바르게 하고 사람들을 행복하게 만드는 일이 기본이 되어야 한다. 불교는 자비와 실천의 종교이며, 그 실천은 보살행을 통하여 이루어진다. 보살사상이 바로 사회복지 사업의 근본이 되고 있다. 사회 곳곳에 슬픔과 실의에 빠져 있는 사람들에게 자비의 사상을 몸소 느낄 수 있도록 사회의 어려운 이웃에게 다가가야 할 것이다.

(2) 포교행정

전법은 부처님의 최초의 부촉이다. 그러나 종단에서는 포교를 위한 노력과 흔적이 미비하고, 크고 작은 불사들은 이루어지고 있지만, 미래의 주인이 될 어린이·청소년을 지도할 수련원 등의 설립을 보다 적극적으로 추진해 나가야 할 것이다.

전통과 관습도 중요하나 급변하는 현대 사회 속에서 그에 상응하는 현대적 교육 제도가 필요하다.[2] 포교행정에 눈을 돌려야 할 때이다.

(3) 교육기관의 육성

불교교단에서 세운 학교는 동국대, 중앙승가대, 지방승가대, 위덕대, 원광대등이 있고 고등학교 20여개, 중학교 20여개, 초등학교 몇개가 있다. 불교교단에서 세운 학교에 대한 관심·재정·신심 등과 이에 걸맞은 교육 내용이나 법회의 활성화가 필요하다.

교육은 시대에 적응해야 하고 또 시대를 선도해야 한다는 입장에서 볼 때 불교교육 개혁 역시 한국 불교에 있어서 가장 절실한 과제의 하나로 남아 있는 것이다.[3]

---

2) 심익섭,「現代佛敎와 宗務行政에 관한 연구」『釋林論壇』第27輯, 1994, 57쪽 참고.
3) 윤영해,「근대 한국 불교의 역사와 과제」『釋林論壇』第26輯, 1993, 72쪽 참고.

불교는 중요한 전환점에 서있다. 급변하는 사회 변동이라는 큰 물결속에서 전통적인 것만 고집할 수도 없는 상황에 대중화, 국제화라는 엄청난 과제의 해결로 시대적 여망에 부흥해야 한다. 각 종단 행정을 책임지고 있는 지도자들의 결단력과 집행력에서 여타 어느 종교보다도 발전할 수 있는 토대가 형성될 때 21세기 한국 불교의 미래는 밝은 것이다. 불교계 전반에 있는 전근대적 정신은 소승적인 자세에서 벗어나 불교 스스로 자주성을 회복하고, 빠르게 변화하는 정보화 사회의 준비에 힘써야 한다.

결국 포교 · 역경 · 인재 활용 · 행정 · 정신 자세 등 이 모든 것이 유기적으로 해결되고 협조되었을 때 불교는 그 미래가 밝으며 인류의 주인으로서 그 사명을 다할 수가 있을 것이다.

제 21 장

불교용어와 불자상식

제1절 호칭 용어
제2절 불교 상징
제3절 기도 용어
제4절 행사 용어
제5절 수행 용어 상식
제6절 구조물에 대한 용어
제7절 불교에서 나온 어휘들

제 21 장

불교용어와 불자상식

제1절_ 호칭용어

1) 행자(行者)

아직 수계 받지 않은 예비스님을 말한다. 밤색 옷을 입으며 보통 1년 이상 소정의 교육과정을 마친 후 사미(니) 십계(十戒)를 받는다. 일반불자들이 부를 때는 앞에 성을 붙여서 부르면 된다. 즉 박씨면 '박행자' 라고 부르면 되고 행자스님이란 말은 맞지 않다.

2) 사미(沙彌), 사미니(沙彌尼)

행자 과정을 마치고 십계를 수지한 준 스님을 말한다. 그리고 니(尼)란 여자스님을 말한다. 비구(니)계를 받기 전의 스님이므로 아직 완전한 스님이라고는 볼 수 없다.

3) 비구(比丘), 비구니(比丘尼)

구족계(具足戒)를 받은 스님을 말한다. 비구 스님은 250계를 받고 비구니 스님은 348계를 받는다. 계율(戒律)의 조항에 대해서 남녀의 차별 문제를 제기하는 사람이 있으나 이는 그렇지 않다.

개체의 특수성 때문에 그렇지 우열에 차별을 두는 것은 아니다. 즉, 여자에게 계율이 많은 것은 신체적 구조와 정서가 남자와 다소 다르기 때문이다.

4) 우바새(優婆塞), 우바이(優婆夷)

오계(五戒)를 받았거나 혹은 보살의 48경계를 받은 남자 불자를 우바새, 여자 불자를 우바이라 한다. 우바새를 청신사, 거사(居士)라고도 하며 우바이를 청신녀, 보살이라고도 한다. 보살(菩薩)이란 말이 우리 나라에서만 여자 신도에게 불려지는 점이 특이하나 원래의 뜻은 남을 위해 헌신하며 정법에 따라 사는 사람이면 누구에게나 붙여질 수 있는 이름이다. 스님들도 남을 위해 헌신하는 경우가 있으면 보살이란 이름을 붙인다. 원효 스님을 원효 보살이라고도 했다.

5) 수계(受戒), 법명(法名)

수계란 '계(戒)'를 받는다는 말이다. 계란 불자의 행동지침을 일컫는다. 여기에는 출가자(出家者)가 지켜야 할 계가 있고 재가자(在家者)가 지켜야 할 계가 있다. 그리고 함께 지켜야 할 계가 있다. 계를 받아야 만이 진정한 불자(佛子)가 된다고 할 수 있다. 계를 받으면 법명(法名)도 함께 받는다. 법명은 불교식 이름이다.

(1) 삼사칠증(三師七證)

비구(比丘)가 구족계(具足戒)를 받을 경우 스승으로 청해야 하는 스님의 수를 말한다. 삼사(三師)란 옳은 계(戒)를 주는 전계아사리(傳戒師), 표백(表白) 및 갈마(羯磨)의 글을 읽는 갈마아사리

羯磨師), 위의작법(威儀作法)을 교수(敎授)하는 교수아사리(敎授師)를 말하고 칠증사(七證師)란, 증명(證明)하는 7명의 증명아사리(證明師 : 입회비구(立會比丘))를 말한다. 또한 인도해서 예를 갖추도록 하는 인례사(引禮師), 의식을 습득시키는 습의사(習儀師) 스님도 있다.

(2) 금강계단(金剛戒壇)

금강보계(金剛寶戒)를 설하는 단으로 통도사(通度寺)에 있다. 계를 한번 얻으면 오래 잃지 않는 것이 마치 금강을 깨뜨릴 수 없는데서 비유해 말한 것이다. 자장율사가 당나라에서 부처님의 정골사리(頂骨舍利)·금란가사(金襴袈裟)·패엽경(貝葉經) 등을 가져와서 신라 선덕왕 15년에 영왕과 함께 영축산 아래 구룡지(九龍池)에 가서 용을 위하여 설법하고 연못을 메워 금강계단을 쌓고 사리와 패엽경 등을 그 속에 모셨다. 그리고 모든 백성들에게 승속을 가리지 않고 계를 설하는 근본 도량을 삼으니 많은 사람들이 계를 받고 불법을 믿게 되었다.

(3) 연비(燃臂)

서원의 표시로 팔뚝의 일부분이나 손가락을 태우는 것을 말한다. 출가자의 경우에 득도식을 할 때, 재가자의 경우에는 오계를 수지할 때 한다. 옛날에는 초심지에 불을 붙여 살갗을 태웠으나 요즈음에는 향불로 따끔하게 지지는 것으로 간략화되었다.

6) 은사(恩師), 상좌(上座)

일반사회에서의 스승을 불가에서는 은사라고 한다. 한 분의 은

사 밑에는 여러 상좌가 있을 수 있고, 한 분의 젊은 스님이 여러 은사를 두는 수도 있다. 즉, 계율의 은사가 있고 법의 은사 등이 있을 수 있다. 상좌는 일반사회에서 제자에 가까운 말이다. 모두가 다 부처님의 상좌가 되겠지만 그래도 한 분의 은사를 정해 그 아래서 직접 가르침을 받는 제도가 있어 왔다. 예로부터 불가(佛家)에서는 속가상좌(유발상좌)의 제도가 있다. 정신적 귀의처인 부처님과 인연하여 진리의 가르침도 배우고 그 가피(加被)로 어려움도 극복해 왔다.

7) 종정(宗正), 총무원장(總務院長)

종정은 종단의 정신적 최고 지도자로서 종풍(宗風)과 법통(法統)을 대표하는 큰스님이다. 총무원장은 종단을 대표하는 행정 책임자로서 종정의 교시(敎示)를 받들어서 종무 행정을 수행한다.

8) 방장(方丈), 조실(祖室)

방장, 조실은 정신적 귀의처가 되는 것은 공통적이나 방장은 총림(叢林)의 최고 지도자로 그 통솔 범위가 넓고 조실은 규모가 조금 작은 사찰의 최고 어른이다. 총림은 종합수도 도량이다. 선원(禪院), 강원(講院), 율원(律院), 염불원(念佛院), 종무소(宗務所) 등의 규모가 잘 짜여진 도량이다. 대한 불교 조계종에는 영축총림 통도사, 가야총림 해인사, 조계총림 송광사, 덕숭총림 수덕사, 고불총림 백양사 등의 5군데가 있다.

9) 큰스님, 노스님

덕이 있고 연세가 많으신 분을 큰스님이라 부르며, 연세가 아주 많은 분을 일반적으로 노스님이라 부른다. 만일 직함이 있으면 반드시 그 직함대로 불러야 옳다. 함부로 큰스님 등의 호칭을 붙이는 경향이 있는데 주의를 해야 한다.

〈법랍(法臘)〉
법세(法歲)·계랍(戒臘)·하랍(夏臘)이라고도 하며, 구족계(具足戒)를 받아 비구·비구니가 되고부터의 햇수를 말한다. 비구·비구니는 하안거(夏安居)를 마치고 법세(法歲)를 더하는 것을 풍습으로 한다.

10) 보살(菩薩, Bodhisattva)
보살이란 보리살타(菩提薩埵)의 줄임말이다. 보디(bodhi)는 깨달음, 사트바(sattva)는 유정(有情)으로서 보살을 번역하면 각유정(覺有情)으로 자리(自利)보다는 이타(利他)를 실천하겠다는 사홍서원(四弘誓願)을 세우고, 육바라밀(六波羅蜜)을 실천하는 대승불교의 이상적(理想的)인 인간상이다.
불교국가 중에서 우리 나라에서만 여자 신도에게 불리어지고 있으며, 본래는 스님이나 남녀를 불문하고 남을 위해 헌신하며 정법(正法)을 따라 열심히 사는 불자에게 승속(僧俗)을 초월하여 부르는 호칭이다.

11) 거사(居士)
범어로 grha-pati에서 유래되었다. 집주인 또는 집에 있는 남자라는 뜻이다. 또한 재산이 많은 자산가(長者)를 가리키는 말로도 쓰였고 점차 불교에 귀의한 재가의 남자를 가리키는 말로 사용되었다. 그 후 유교에서 유래된 노는 선비, 즉 처사(處士)라는 명칭과 혼용하게 되었다.

12) 사부대중(四部大衆)

비구, 비구니, 우바새(청신남), 우바이(청신녀)를 통칭하여 사부대중이라고 말한다. 즉, 계를 받은 출가한 남녀 스님과 재가 남녀 불자를 통털어 칭할 때 사용하는 말이다.

참고로 세분해서 7부대중(七部大衆)으로 나누는데 비구, 비구니, 사미, 사미니, 식차마니, 우바새, 우바이를 말한다.

13) 용상방(龍象榜)

맡은 소임에 따라 여러 가지 이름으로 불리며 결제 때나 큰 불사를 치를 때에 대중스님들이 맡는 소임을 말한다. 이러한 소임을 적은 것을 용상방(龍象滂)이라고 하며 대중이 잘 볼 수 있는 곳에 붙여 놓는다. 중국 당나라 때 선문(禪門)의 규식(規式)을 제정한 백장(百丈)스님이 처음 총림을 개설하면서 그 운영과 통솔을 위해서 각종 직무를 제정한 것이 그 시초다.

소임을 살펴보면 다음과 같다.

- 방장(方丈) : 총림에서의 정신적인 최고 어른스님이다.
- 조실(組室) : 총림이 아닌 사찰에서 정신적인 최고 어른스님이다.
- 선덕(禪德) : 선원에서 덕망이 높은 스님이다.
- 입승(立繩) : 법을 세워서 대중을 통솔하는 스님이다.
- 열중(悅衆) : 스님들 중(衆僧)에서 사무를 맡은 스님이다.
- 찰중(察衆) : 대중을 살피는 소임을 맡은 스님이다.

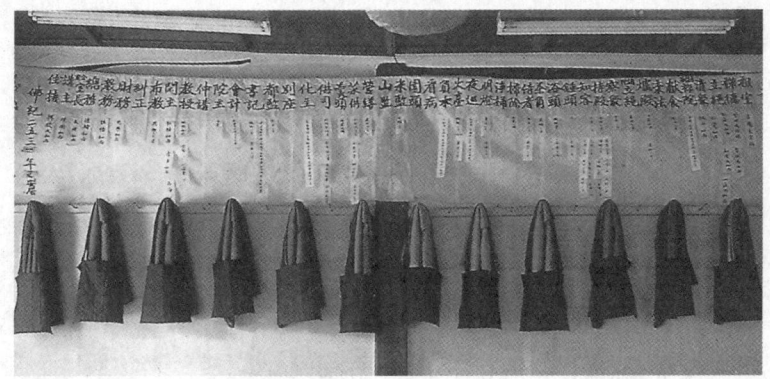

용상방 결제 때나 불사를 할 때 스님들의 맡은 소임을 적은 것으로 대중이 잘 볼 수 있는 곳에 붙여 놓는다.

- 병법(秉法) : 의식을 집전하는 스님으로 법주(法主)라고 한다.
- 다각(茶角) : 마실 차를 준비하는 소임이다.
- 종두(鐘頭) : 종을 울리는 소임이다.
- 고두(鼓頭) : 북을 치는 소임이다.
- 헌식(獻食) : 재식(齋式) 때 올린 음식을 거두어 명부사자와 잡귀 및 금수가 먹도록 헌식대에 가져다 놓는 소임이다.
- 미두(米頭) : 양곡을 맡아 출납하는 소임이다.
- 별좌(別坐) : 취사장을 감독하는 소임이다.
- 공사(供司) : 밥을 짓는 소임으로 공양주(供養主)라고 한다.
- 채두(菜頭) : 반찬을 만드는 소임이다.
- 정두(淨頭) : 해우소(解憂所, 화장실)를 청소하는 소임이다.
- 화두(火頭) : 등화의 점등을 하는 소임이다.
- 욕두(浴頭) : 욕장에 관한 일을 하는 소임이다.
- 갱두(羹頭) : 국을 끓이는 소임이다.
- 부목(負木) : 나무하고 불 지피는 소임이다.

- 증명(證明) : 삼장(三藏)과 선리(禪理)에 밝은 원로 대덕으로 고문격인 스님이다.
- 강주(講主) : 강원의 교육전반을 맡은 스님이다.
- 중강(仲講) : 강주를 보조하여 학인에게 공부를 가르키는 스님이다.
- 설양(設楊) : 책상 및 의자를 정리하는 소임이다.
- 삭발(削髮) : 삭도(削刀)를 다루는 소임이다.
- 회계(會計) : 재정을 맡아보는 소임이다.
- 서기(書記) : 사무를 관장하는 소임이다.
- 경비(警備) : 잡인의 출입을 금지하는 소임이다.

이외에 주지(住持)를 비롯해서 3직 혹은 7직이 있다. 3직은 총무(總務), 교무(敎務), 재무(財務)이고, 7직은 3직에 포교(布敎), 호법(護法), 사회(社會), 문화(文化)를 둔 것을 말한다. 노전(爐殿), 부전(副殿), 원주(院主) 등도 있다. 노전은 대웅전을 맡아보는 스님을 말하고, 부전은 지전을 뜻하는 속된 이름이다. 법당을 맡아서 시봉하는 소임이다. 본래는 불전(佛殿)인 것을 부전이라 부르는 듯하다.

원주는 사찰의 후원살림을 맡아보는 집사(執事), 감사(監事)의 소임이다. 원두(園頭)라고도 한다.

지전(知殿)은 각 법당을 관리하는 역할을 하는 스님을 일컫는다. 불전을 소지하는 등의 일체를 맡아본다.

그리고 감원(監院)은 큰절에 딸린 암자를 맡아서 감찰하는 스님을 말한다.

정재소(淨齋所)는 삼업을 깨끗이 하고 만드는 음식을 청정하게 준비하는 곳이다.

금란방(禁亂榜)은 금단방(禁斷榜)이라고도 한다. 불사가(佛事)가 있을 때 잡인(雜人)이 드나드는 것을 금하기 위해서 붙이는 방문(榜文)이다.

또한 대중공사(大衆公事)는 대중들이 모여서 공공의 일을 의논하는 것을 말하며, 사발통문(四發通文)은 사방으로 소식을 전하는 것이다.

제2절_ 불교 상징

1) 연 꽃

연꽃은 불교를 상징하는 꽃이다. 꽃(부처)과 열매(중생)가 동시에 피고 맺는다. 한 송이 연꽃은 우리 마음속의 불성(佛性)을 나타낸다. 아무리 더러운 곳에 처했다 하더라도 그 더러움에 물들지 않고 항상 아름다운 향기와 우아한 자태를 간직하는 꽃이다. 진흙탕이 깊으면 깊을

연꽃 불교를 상징하는 꽃으로 진흙탕에서도 아름다운 꽃을 피우기에 우리 마음속의 불성을 나타낸다.

수록 더욱 아름다운 연꽃을 피우듯이 사바세계가 고통스러울수록 부처님 세계는 더욱 가치가 있고 그 세계는 반드시 오는 법이다.

2) 코끼리

코끼리는 불교를 상징하는 동물이다. 짐승 가운데 가장 힘이 세

면서도 점잖기는 한량없다. 자비(慈悲)를 나타낸다. 코끼리는 길상의 동물로서 부처님의 어머니(마야부인) 꿈에 여섯개의 이빨을 가진 흰 코끼리가 오른쪽 옆구리로 들어오는 태몽을 꾸고 부처님을 잉태하셨다는 이야기가 유명하다.

3) 보리수(菩提樹)

보리수는 불교의 상징적인 나무다. 부처님께서 큰 깨달음을 성취하실 때, 보리수는 낮에는 내리쏟는 햇볕을 막았고 밤에는 새들의 배설물을 잎으로 받아 주었다. 보리수 잎 밑에는 견고하고 잘 깨어지지 않는 열매가 열린다. 이를 흔히 보리자(菩提子)라고 하며 염주를 만든다.

참고로 보리수의 원래 학명은 핍파라수다.

4) 우담바라(優曇波羅)

부처님이 세상에 나투실 때 한번 핀다고 하는 꽃이다. 3천년만에 한번 핀다는 신령스러운 꽃이며 매우 드물고 희귀하다는 비유로 쓰여진다. 식물학상 우담화는 인도와 스리랑카에서 자라는 온화 식물이며 인도에서는 보리수와 더불어 신성한 나무로 취급된다.

5) 가릉빈가(迦陵頻伽)

만다라 등에 인두조신(人頭鳥身)에 용꼬리가 달린 모양으로 그려져 있다. 자태가 매우 아름답고 소리 또한 묘하여 묘음조(妙音鳥)라 하며 극락에 깃든다하여 극락조라고도 한다.

경전에 등장하는 상상의 새다.

6) 용(龍)

불교에서는 용을 신성한 동물로 받아들였다. 『수행본기경(修行本起經)』에는 싯다르타 태자가 탄생하셨을 때 하늘에 있는 가라용신과 울가라용신이 차고 더운 두 줄기 물을 뿌려 태자를 목욕시키고 하늘에서 꽃비가 내렸다는 전설이 있다. 그래서 법당이나 벽화에는 청룡과 황룡을 만들거나 그려서 이를 나타낸다. 아울러 불도량을 수호하는 성스러운 동물로 인정하고 있다.

불교의 여러 경전에 나타나고 있는 용의 성격 및 역할 등을 몇 가지로 분류하여 보면 다음과 같다.

첫째, 불교에 귀의하여 불법을 수호하는 용의 모습이다. 불교경전을 보면 많은 용왕들이 불교에 귀의하여 불법을 수호하였음을 나타내고 있다.

둘째, 인간 세상에 정법(正法)을 펼쳐서 이로움을 베푸는 용의 모습이다. 이들 용은 전생에 지은 업에 따라 선룡과 악룡으로 태어나는데 선룡은 때를 맞추어 비를 내리고 세간의 오곡을 성숙시켜 백성을 평안하게 하며, 삼보(三寶)를 깊게 믿고 불사리(佛舍利)를 수호한다.

셋째, 경전을 봉안하고 있는 용의 모습이다. 용왕이 바다 속의 용궁에 경전을 안치 봉장(奉藏)하고 있는 내용이 여러 경전에 전하며, 따라서 경전을 용장(龍藏)이라고도 한다.

그리고 용의 모습은 아홉 가지 다른 동물의 모습을 하고 있다. ① 머리(낙타) ② 뿔(사슴) ③ 눈(토끼) ④ 귀(소) ⑤ 목덜미(뱀) ⑥ 배(조개) ⑦ 비늘(잉어) ⑧ 발(호랑이) ⑨ 발톱(매)을 가졌다. 또한 비늘은 양(陽)의 수 9가 중복된 81개로 되어 있고, 구리로 만든 쟁반을 울리는 듯한 우렁차고 힘있는 소리를 내며, 입 주위에는 긴

수염(長髥), 턱 밑에는 구슬을 가지고 있다.

또한 용에게는 각기 성격이 다른 아홉 아들이 있다.

① 비희(贔屭) : 거북을 닮았다. 무거운 것을 지기를 좋아하여 돌비석 아래에 놓는다.

② 이문(螭吻) : 치미(鴟尾)라고도 한다. 모양은 짐승을 닮았다. 먼 곳을 바라보기 위해 높고 험한 곳을 좋아하며 화재를 누를 수 있어 지붕 위에 세운다.

③ 포뢰(蒲牢) : 모양은 용을 닮았고, 울기를 좋아하여 범종(梵鐘)의 상부 고리에 매단다. 특히 바다의 고래를 무서워하므로 종을 치는 당목(撞木)은 고래 모양을 취하여, 포뢰를 겁주어 더욱 우렁차고 힘차게 울도록 한다.

④ 폐안(狴犴) : 헌장(憲章)이라고도 한다. 호랑이를 닮았다. 위력이 있으므로 옥문(獄門)에 세우거나 관아(官衙)의 지붕에 장식한다.

⑤ 도철(饕餮) : 먹고 마시는 것을 좋아하므로 주로 솥의 뚜껑에 세우거나 식기, 반기에 시문한다.

⑥ 범공(帆蚣) : 물을 좋아하여 다리의 기둥에 세운다.

⑦ 애차(睚眥) : 살생을 좋아하므로 칼의 콧등이나 손잡이에 조각한다.

⑧ 산예(狻猊) : 사자를 닮았다. 연기와 불을 좋아하여 향로에 새기며, 또한 앉기 좋아하여 불좌나 용좌에 쓴다.

⑨ 초도(椒圖) : 나방을 닮았다. 닫기를 좋아하여 문고리에 붙인다.

이 외에도 용의 새끼를 교룡(蛟龍), 뿔이 없는 이룡(螭龍), 날개를 가진 응용(應龍), 뿔이 달린 규룡(虯龍), 아직 승천하지 않은 반룡(蟠龍), 물을 좋아하는 청룡(靑龍), 불을 좋아하는 화룡(火龍), 울기를 좋아하는 명룡(鳴龍) 등이 있다.

천룡팔부신중(天龍八部神衆)은 다음과 같다.
① 천(天)은 천인(天人)이다.
② 용(龍)은 용신, 용왕이다.
③ 야차(夜叉)는 사람을 해하는 귀신이다.
④ 건달바(乾達婆)는 날아다니는 귀신이다.
⑤ 아수라(阿修羅)는 투쟁의 악신이다.
⑥ 가루나(迦樓羅)는 용을 잡아먹는 나쁜 새다.
⑦ 긴나라(緊那羅)는 금시조(金翅鳥)이다.
⑧ 마후라가(摩睺羅迦)는 사신(蛇神)이다.

7) 호랑이

산신각의 산신령 옆이나 법당 벽화에서 볼 수 있다.

민속 신앙을 포용한 불교는 호랑이를 신앙의 대상으로 하는 것을 인정하여 절 주변의 산을 잘 지켜서 나쁜 무리들이 경내에 함부로 들어오지 못하게 하는 부처님의 수호자로 묘사하였다.

8) 도깨비

주로 법당 문에 그려져 있거나 기와에 무늬로 새겨져 있으며 특히 밤에 법당을 침범하는 못된 무리를 혼내주는 수호자로 묘사되어 부처님의 도량을 지키는 일을 한몫 단단히 하게 되었다.

무속신앙을 포용한 우리 스님들의 상상력과 포용력이 크다는 것을 알 수 있으며, 다른 불교 국가에서는 볼 수 없는 것으로 옛 스님들의 따뜻한 마음을 엿볼 수 있다.

도깨비의 특성은 다음과 같다.
① 심술궂은 장난을 아주 좋아한다.(씨름을 건다든지, 솥뚜껑을 솥 속에 넣는다든지 등)
② 꾀가 없고 미련하다.(혹을 주고 요술방망이를 얻은 이야기)
③ 정직하고 윤리성이 있다.(약속을 지키고, 빌린 돈을 갚을 줄 안다)
④ 노래와 춤을 아주 좋아한다.
⑤ 인간과 같은 정서를 갖고 기쁜 일에나 슬픈 일에 몰두한다.

9) 십이지신(十二支神)

땅을 지키는 열두 가지 짐승의 신장(神將)을 일컫는다.

보통 쥐(子), 소(丑), 범(寅), 토끼(卯), 용(辰), 뱀(巳), 말(午), 양(未), 원숭이(申), 닭(酉), 개(戌), 돼지(亥)를 뜻한다.

10) 불교기

청색	황색	적색	백색	주황색

청
황
적
백
주

불교기 오색이 그 근본 바탕이며, 부처님의 상호와 가르침을 나타낸다.

불교기는 1950년 스리랑카에서 열린 세계불교도우의회에서 정식 승인하여 현재 모든 불교 국가와 불교단체에서 사용하고 있다. 오색이 그 근본 바탕이다. 오색은 부처님이 붓다가야에서 성도(成道) 하셨을 때 미간 백호에서 오색의 빛을 발했다는 데서 착안하여 채택되었다. 청색은 귀의(歸依), 황색은 지혜(智慧), 적색은 자비(慈悲), 백색은 청정(淸淨), 주황은 정열(情熱)을 각각 뜻한다.

11) 법륜(法輪)

법륜은 진리의 수레바퀴를 뜻한다. 진리의 수레바퀴가 멈추지 않고 굴러야 중생들에게 살 만한 세계가 마련되는 것이다. 부처님께서는 우리들로 하여금 진리의 수레바퀴를 굴리는 법을 가르쳤으니 이것이 팔정도(八正道)이다. 이 팔정도의 바퀴를 굴렸을 때 우리는 진리의 세계에서 자유로움을 만끽하게 되는 것이다. 법륜 마크는 모양이 다소 다를 수는 있으나 바퀴 모양에 8개의 축이 있다. 처음 녹야원에서 법문 하신 것을 초전법륜(初轉法輪)이라 한다.

12) 만(卍, Svastika)

만(卍)은 기호이면서 글자이다. 절을 표시하는 기호이며 한자로는 '卍' 이다. 석가모니 부처님은 머리, 가슴, 손, 발에 길상(吉祥), 행운(幸運), 경복(慶福)의 표시인 만(卍)자를 가지고 태어나셨다.

첫째, 만(卍)은 태양이 이글거리는 모습을 나타낸다. 옛부터 아리안족은 태양을 숭배했으며 그 민족은 스칸디나비아 반도에서 인도까지 널리 분포되어 있다. 만(卍)은 '卐'과 별 차이가 없으며 인도의 여러 조각, 회화에서도 함께 사용되었다.

둘째, 만(卍)은 팔랑개비를 상징하고 있다. 아이들이 이것을 만들어 바람을 안고 뛰면 팔랑개비는 돌게 된다. 빨리 뛰면 세게 돌고 천천히 걸으면 천천히 돌거나 돌지 않는다. 결국, 팔랑개비는 진리의 팔랑개비이다. 진리가 잘 도는 세상, 진리의 말씀이 통하는 세상은 우리가 함께 열심히 기도 정진할 때 가능하다.

13) 원상(圓相)

일체중생의 마음이 두루 평등함을 표시한다. 원은 우주 만유의

근본자리요, 모든 불·보살의 마음자리이며 일체중생의 불성자리
인 동시에 대소유무의 분별이 없는 자리다. 나고 죽고 가고 오는
데 변함이 없는 자리이며 선악의 업보가 끊어진 자리이다.

14) 원이삼점(圓伊三點), 삼보(三寶)

열반은 원이삼점과 같이 해탈의 법과 불신과 평등의 대지혜가
합하여 일체로 상관된 경지를 의미한다. 이 '해탈의 법'이나 '불
신'이나 '평등의 대지혜' 그 어느 것이든 하나 하나가 따로 떨어져
서 단독으로는 '열반'을 이룰 수 없는 것이다. 불(佛)·법(法)·승
(僧)을 상징하여 삼보(三寶)라고 이름한다.

15) 여의주(如意珠)

뜻하는 바를 이루게 하는 구슬이다. 전설에 따르면 용왕의 뇌
속에서 나온 것이라 한다. 사람이 이 구슬을 가지면 독이 침범치
않고 불에 들어가도 타지 않는 공덕이 있다고 한다. 또한 제석천
왕이 아수라와 싸울 때 부서져 남섬부주에 떨어진 것이 변한 것이
라고도 한다. 지나간 세상의 모든 부처님의 사리가 불법이 멸할
때 모두 변하여 이 구슬이 되어 중생을 이롭게 한다고 한다.

16) 심우도(尋牛圖)

심우도(心牛圖), 목우도(牧牛圖), 십우도(十牛圖)등 여러 명칭으
로 불린다. 중국의 곽암(廓庵) 스님과 청거(淸居) 스님의 그림이
있는데, 우리 나라에서는 주로 곽암 스님의 그림이 많이 알려져
있다. 이것은 사람들의 가슴속에 노닐고 있는 한 마리의 소(본성)
를 찾아내고 그것을 잘 다스려서 근본자리로 돌아갈 수 있기까지

의 수행과정을 알기 쉽게 그림으로 표현해 놓은 것이다.
① 심우(尋牛) ② 견적(見跡) ③ 견우(見牛) ④ 득우(得牛) ⑤ 목우(牧牛) ⑥ 기우귀가(騎牛歸家) ⑦ 망우존인(忘牛存人) ⑧ 인우구망(人牛俱忘) ⑨ 반본환원(返本還源) ⑩ 입전수수(入廛垂手) 등이다.

17) 오탁악세(五濁惡世)

사람이 살고 있는 곳이라면 피할 수 없는 여러 가지 사회의 악과 정신적, 생리적인 악을 다섯 가지로 분류한 것. 즉 흐리고 맑지 못한 부정이 우글거리는 더러운 세상이라는 뜻으로 다음과 같다.

① 겁탁(劫濁) : 한 시각이라도 편안하고 즐거움이 없는 사회악의 세상이다.
② 견탁(見濁) : 악한 사람이 득세하는 세상이다.
③ 번뇌탁(煩惱濁) : 정신적으로 악한 사람이 우글거리는 세상이다.
④ 중생탁(衆生濁) : 견탁의 세상을 좋아하고 번뇌탁의 세상에 사로잡힌 시대이다.
⑤ 명탁(命濁) : 수탁(壽濁)이라고도 하며 사람의 수명이 점점 짧아지는 세상이다.

제3절_ 기도용어

1) 불공(佛供)

부처님께 올리는 공양(供養)이다. 원래는 사사공양(四事供養)이라 하여 옷, 음식, 이부자리, 약을 공양하였다. 요즘은 향, 초, 꽃,

과일, 차, 쌀을 올리는 것이 일반화되었다. 공양은 삼보에 대한 믿음의 내용이지만 또한 모두가 깨달음에 이르게 하는 방편의 의미도 있다. 불공이란 깨달음을 위한 수행에 정진하면서 중생을 구제하는 보살행을 실천하는 불자들의 자비행을 의미한다.

2) 재일(齋日)

몸과 마음을 깨끗이 하고 기도 드리는 날이다. 재(齋)란 '목욕재계할 재'로서 재기(齋祈)의 줄인 말이다. 따라서 재일이란 '몸과 마음을 깨끗이 하고 불보살님들께 공양하고 기도 드리는 날'을 뜻한다. 오늘날 우리 나라에서 특히 많이 지켜지고 있는 재일은 18일의 지장재일(地藏齋日)과 24일의 관음재일(觀音齋日)이다. 예로부터 우리 나라에서는 지옥중생을 구원의 길로 인도하는 지장보살과 중생들의 모든 소망을 들어주는 관세음보살이 대중과 긴밀한 관계가 있었기 때문이다.

3) 삼십일비불(三十日秘佛)

매월 1일부터 30일에 이르기까지 그 당일의 연일불(緣日佛)을 말한다.

불문에 들어올 인연이 있는 날 또는 신불에 어떠한 연이 있어 제사나 공양이 있는 날을 말하며 신불에 임시로 명일(命日)을 정하고, 그 날에 참예(參詣)하면 공덕이 있다고 한달에 한번이나 수일을 정해서 연일로 한다.

1일 정광불(定光佛)
2일 연등불(燃燈佛)
3일 다보불(多寶佛)

4일 아촉불(阿閦佛)

5일 미륵보살(彌勒菩薩)

6일 이만등불(二萬燈佛)

7일 삼만등불(三萬燈佛)

8일 약사여래(藥師如來)

9일 대통지승불(大通智勝佛)

10일 일월등명불(日月燈明佛)

11일 환희불(歡喜佛)

12일 난승여래(難勝如來)

13일 허공장보살(虛空藏菩薩)

14일 보현보살(普賢菩薩)

15일 아미타불(阿彌陀佛)

16일 다라니보살(陀羅尼菩薩)

17일 용수보살(龍樹菩薩)

18일 지장보살(地藏菩薩)

19일 일광보살(日光菩薩)

20일 월광보살(月光菩薩)

21일 무진의보살(無盡意菩薩)

22일 시무외보살(施無畏菩薩)

23일 득대세지보살(得大勢至菩薩)

24일 관세음보살(觀世音菩薩)

25일 문수사리보살(文殊師利菩薩)

26일 약상보살(藥上菩薩)

27일 노사나여래(盧遮那如來)

28일 대일여래(大日如來)

29일 약왕보살(藥王菩薩)

30일 석가여래(釋迦如來)

대부분의 사전을 보면 일본사전을 그대로 번역함으로써 18일 지장재일과 24일 관음재일이 바뀌어 있다. 이런 이유는 일본의 경우『불설지장보살발심인연시왕경(佛說地藏菩薩發心因緣十王經)』에 근거하고 중국과 우리 나라의 경우『예수시왕생칠경(豫修十王生七經)』에 근거하고 있기 때문이다. 두 경전은 내용에도 차이가 있다.

참고로 십재일(十齋日)은 매월 10개의 날을 정하여 재계하고 기도함으로써 삼재팔난을 피하기 위해서 만든 날이다. 1일·8일·14일·15일·18일·23일·24일·28일·29일·30일이다.

4) 재(齋)

깨끗한 마음으로 부처님께 공양을 올리며 기도 드리는 모든 의식이다. 그 어원은 '우포사다(uposadha)'에서 유래된 스님들의 공양의식을 뜻한다. 대개 스님들에 대한 공양은 집안의 경사(慶事)나 상사(喪事), 제사 때에 이루어졌으므로 나중에는 제사의식으로까지 전환되었다.

원래 재(齋)는 스님들에게 공양 올리는 것이 목적이었으므로 간단히 불전의식을 하고 공양을 했다. 그것이 점차 큰 법회의식으로까지 발전하여 나중에는 산사람이나 죽은 사람을 위해 베풀어지는 일체의 행사를 통칭하는 말로 되었다. 요즈음은 기도, 불공, 시식, 제사, 낙성, 기타 법회에 이르기까지 다양하게 재(齋)라는 용어를 사용하고 있다.

5) 입재(入齋)

목욕 재계하고 기도에 들어간다는 말이다. 입재에 앞서 가급적 언쟁이나 육식을 금하고 청결한 마음가짐을 지녀야 한다.

6) 회향(廻向)

'돌이킬 회, 향할 향'에서 알 수 있듯이 기도하여 얻어진 모든 공덕을 온 법계에 있는 일체 중생에게 돌이켜 향하게 한다는 뜻이다. 흔히 회향을 끝으로 생각하고 있으나 기도는 끝이 있을 수 없다. 기도한 모든 공덕을 이웃에게 돌리면 다시 메아리쳐 돌아오게 된다. 회향 때에 맞추어 방생(放生), 자선(慈善), 대중공양(大衆供養) 등의 행사를 하기도 한다.

7) 나무(南無)

범어의 'Namos'를 음역한 것으로, 여러 가지 뜻을 내포하고 있으나 한 마디로 귀의한다는 뜻이다.

불자가 지극한 마음으로 돌아가 의지함은 맑고 향기로운 진리의 세계에 살고자 함이다. 자기의 모든 것을 바치는 마음이 '나무'이며 자기의 고정관념을 깨는 마음이 '나무'다. 진실로 나무는 실천이 수반되어야 한다. 기도(참선, 염불, 주력, 독경, 보살행)는 솔선수범 해야 한다.

'나무관세음보살'을 독송하면서 지극히 마음을 비우면 반드시 관세음의 세계에 들고 끝내 모든 일은 성취된다. 비우면 채워지는 것이 진리이다.

8) 옴(唵)

  범어 om의 음역으로 인도에서는 일반적으로 종교적인 의식에 암송되는 신성한 음이다. 본래는 '그렇다' 라는 응락을 나타내는 용어다.(히브리어의 아멘에 해당된다) 옴의 음은 a, u, m(阿, 汚, 摩)의 석 자로 각각 만물의 발생, 유지, 종멸을 나타낸다.

9) 열반(涅槃)

  범어의 니르바나(nirvana)의 음역이다. 즉, 불이 꺼진 상태를 뜻한다. 우리는 탐내고, 성내고, 어리석은 욕망의 불길 때문에 잠 못 이룬다. 열반이란 이 욕망의 불길이 잡힌 상태다. 그래서 고통이 없는 지극히 고요하고 편안한 상태를 말한다.
  적정(寂靜), 원적(圓寂), 해탈(解脫), 도피안(到彼岸)이라고도 한다. 우리는 흔히 큰스님이 돌아가시면 열반에 드셨다고 한다. 즉, 죽음을 열반이라고 표현한다. 완전히 틀린 말은 아니나 열반이 죽음 그 자체만을 의미하지는 않는다. 열반은 정진으로써 얻어지는 지극히 고요하고 평온한 마음의 상태를 일컫는다.

10) 다비(茶毘)

  범어의 jhpita로 사비, 사유, 사비다라고 음역하고 분소(焚燒)·연소(燃燒)라 번역하니 곧 시체를 화장하는 일이다. 나무와 숯, 가마니 등으로 화장장을 만들고 거기에 관을 올려놓은 뒤 태운다.

11) 설판재자(設判齋者)

  설(設)이란 '설법회나 불사의 모임' 판(判)은 '맡는다' 는 뜻으로 설판재자란 어떤 법회나 불사의 중요하고도 큰 부분을 신심으로 맡아 감당하는 기도자를 말한다. 즉 기도의 핵심적인 주체자를 의미한다.

제4절_ 행사 용어

1) 49재

불교에서의 천도재(薦度齋)는 죽은 이로 하여금 생전에 지어 놓은 모든 악업을 떨쳐 버리고 청정한 마음을 회복하여 좋은 곳에 태어나도록 돕는다는 의미다. 49재란 사람이 죽은 지 49일째 되는 날에 지내는 재, 혹은 49일 동안에 목욕재계하고 기도하는 의식이다. 불교에서는 옛부터 사람이 죽은 후 다음 생을 받기 전까지의 과정이 상당한 관심의 대상이었다.

사람이 죽으면 인연에 의해 다음 생을 받기까지 중유의 상태에 머문다. 그 기간이 길어야 49일을 넘지 않는다는 것이다. 따라서 죽은 사람의 영혼에게 부처님의 말씀을 전하여 깨달음을 구하는 마음을 내도록 한다. 영가가 다시 태어나는 날이 언제인지를 정확히 알 수 없으므로 최종적으로 49일을 잡는 것이다. 우리 나라의 사찰에서는 보통 49일 동안에 7번 나누어 7일에 한 번씩 재를 지낸다. 100재, 소상재, 대상재 등은 유교적 관습이 불교에 영향을 미쳐 생겨난 것으로 생각된다.

2) 천도재(薦度齋)

자손이 조상을 받드는 것은 인간의 근본을 귀중히 여기는 아름다운 풍습이다. 천도재는 망자의 영혼을 극락으로 인도하기 위한 의식으로 살아있는 사람들이 지극한 정성으로 재를 지내서 영가가 생전에 지었던 모든 업을 소멸하고 부처님의 가르침에 따라 원래의 청정한 마음을 되찾도록 인도하고 극락세계에 왕생하기를 권하는 내용이다. 또한 영가만을 위한 것이 아니라 재에 참석하여 공덕을 짓는 이들에게도 생사의 슬픔을 승화시키는 것이기도 하다. 또한 이 재의 공덕은 망자와 동시에 재를 올린 이에게도 회향된다.

그 종류에도 49재, 100일재, 소상재, 대상재, 기재 등의 정기적인 천도재와 수륙재처럼 필요에 따라 행하는 부정기적인 천도재도 있다.

3) 수륙재(水陸齋)

물이나 육지에 있는 외로운 귀신이나 배고파 굶주리는 아귀에게 공양하는 법회이다. 양나라 무제의 꿈에 어떤 스님이 나타나 말하기를 "사생육도의 중생들이 한없는 고통을 받고 있는데 어찌하여 수륙재를 베풀어 그들을 제도하지 않는가? 이들을 제도하는 것이 모든 공덕 중에서 으뜸이 된다"고 하자 지공선사에게 부탁하여 수륙재를 행한 것이 그 시초라 한다.

4) 예수재(豫修齋)

살아 생전에 미리 수행과 공덕을 닦아두는 재의식이다. 속칭 자신의 49재를 미리 지내는 것이라고도 한다. 49재는 순수하게 죽은 이를 위한 재이나 예수재는 살아있는 이가 자신의 사후를 위해 미리 준비함으로써 생자나 망자가 행복을 함께 추구하는 아름다운 의례이다. 이는 살아있는 동안 미리 재를 지내어 죽은 후의 극락왕생을 기원하는 것이다.

의 절차를 밟으며 점안식, 봉불식은 모두 불교의 불구를 신앙의 대상으로 격상시키는 의례인 것이다.

10) 이운의식(移運儀式)

일정한 장소에 안치되어 있는 괘불이나 가사, 사리 등을 의식 집행을 위해서 다른 장소로 옮길 때 행하는 의식이다. 그 종류는 괘불이운, 사리이운, 경함이운, 법신이운 등이 있다.

11) 연등행사(燃燈行事)

부처님께 지극한 마음을 표현하는 공양이다. 부처님께 등을 밝혀 공양하는 것은 인도에서 전해지는 풍습이다. 등은 연꽃 모양을 가장 많이 사용한다. 더러운 곳에서도 깨끗하게 피어나는 연꽃의 모습이 무명에 쌓인 중생이 불성을 드러내어 부처가 되는 것을 상징하기 때문이다.

특히 부처님 오신날인 사월초파일에 등을 밝히는 것은 무명에 휩싸여 있는 중생을 광명의 세계로 인도하는 부처님의 공덕을 찬탄하는 의미이다

원래 등을 공양하는 것은 부처님 오신 날에 한정된 일이 아니지만 우리 나라에서는 사월초파일의 연등행사가 고유의 민속으로 정착된 것이다.

12) 관불의식(灌佛儀式)

부처님에 대한 공경을 표시하고 자신의 몸과 마음을 청정하게 하는 의미에서 행해지는 의식으로 청정한 감로수로 아기 부처님의 몸을 씻는 의식이다. 의식의 형식은 석가모니불정근을 하면서

차례로 감로수로 아기부처님을 목욕시키며 성불을 발원한다. 이 것은 관정(灌頂)이라 하여 옛날 인도의 국왕이 왕위에 오를 때 4대해의 바닷물을 정수리에 뿌려 축하한 의식에서 유래하였다. 관불의식을 행할 때는 자신의 몸과 마음을 청정하게 한다는 자세로 지극한 정성으로 행하여야 한다.

13) 우란분절(于蘭盆節)

음력 7월 15일을 백종(百種) 혹은 백중(百衆, 百中)이라고 한다. 효도의 중요성을 보여주는 불교의 명절로써 부처님의 10대 제자인 목련존자가 지옥에서 고통받고 있는 어머니의 영혼을 천도(薦度)한데서 우란분절이 유래되었다고 전한다. 살생과 삼보를 비방한 죄로 무거운 벌을 받고 있는 어머니의 혼을 음력 7월 15일에 여러 스님들께 공양을 올려 그 스님들의 힘으로 구제하였던 것이다. 이날은 우리 나라 풍습인 백종날이기도 하다. 백종날은 전통적인 백의 민족의 축제일로 모든 농민이 일손을 놓고 한바탕 잔치를 벌이는 날이다. 불교의례로써 백종은 백가지 과실과 음식을 차려놓고 대중 스님들께 공양을 올린다고 하여 백종(白踵)이라고도 하는 것이다. 이 공양으로 살아 계신 부모와 돌아가신 7대 조상친척이 고통에서 벗어나게 된다. 우란분(于蘭盆)은 거꾸로 매달려 있는 것을 풀어 준다는 의미가 있다.

14) 산림기도(山林祈禱)

산림(山林)은 숲이다. 숲은 온갖 새나 짐승들이 쉬는 곳이다. 우리들의 숲은 곧 부처님 도량이다. 결국 산림기도는 부처님 도량을 위한 기도이다. 숲이 울창하면 온갖 새나 짐승들이 평온하듯이,

절이 잘되면 그 절의 신도들이 편안하고 잘되는 것이다. 도량을 가꾸는 기도 성취는 곧 회향되어 자기 가정을 위한 기도 성취로 돌아가는 법이다.

15) 점찰법회(占察法會)

점찰법회는 불교가 토착화되는 과정에서 고대사회부터 행해졌던 주술(呪術)과 점복(占卜)이 불교의 참회법과 결합된 의식이다. 이 법회는 점(占)을 맹목적으로 보는 것이 아니라 많은 선악의 종류를 적은 189개의 나무 조각을 던져, 거기에 나오는 것을 보고 과거에 저지른 잘못을 뉘우치는 것이다. 이 나무 조각은 손가락 정도의 크기에 가운데를 4면으로 고루 깎고 두 끝은 둥글게 하여 던지면 구를 수 있도록 한 것이다.

점(占)을 칠 때에는 시방의 모든 부처에게 지성으로 예배하고 일체 중생이 바른 가르침을 얻어 과거의 잘못을 참회하고 앞으로는 청정한 행위를 실천하게 되기를 기원하였다. 이 법회는 중국에서 유래된 것으로 추정되며 우리나라에는 수나라에서 귀국한 원광(圓光)스님이 처음으로 개최하였으며, 진표스님에 의해 독특한 형식으로 발전되었다.

제5절_ 수행 용어 상식

1) 사리(舍利)

사리는 몸에서 나는 신령스러운 구슬을 말한다. 열심히 수행, 정진하여 얻어지는 정신적 결정체다. 삼학(三學)을 잘 닦아 얻어진 금강불괴의 법체(法體)다. 또한 육바라밀을 잘 닦아도 얻어진다고 한다.

사리는 범어로 사리라(Sarira)이며 쌀의 어원이다. 쌀이 농부의 지극 정성으로 얻어지는 것처럼 사리도 온갖 수행과 보살행으로 얻어지는 것이다. 사리는 다섯 가지 특징이 있다.

첫째, 깨어지지 않는다.

둘째, 불에 녹지 않는다.

셋째, 접시에 물과 담았을 때 물이 범접하지 않는다.

넷째, 오색이 영롱하다.

다섯째, 화학약품으로 처리되지 않는다.

2) 오신채(五辛菜)

우리 나라에서 통념적인 사찰의 금기 음식물이다. 오신채는 마늘, 파, 부추, 달래, 홍거를 말한다. 모두 자극성이 강한 음식이며 냄새가 많이 난다. 율장에는 오신채를 먹으면 입 주위에 귀신이 달라붙는다고 한다. 요즘에 와서는 오신채가 음심을 돋우고 정력을 키우는 강장제로 밝혀졌다. 오신채를 먹지 못하게 하는 이유를 보면 대중생활에서의 냄새 문제와 음심이 일어남을 경계했기 때문인 것으로 보여 진다.

3) 108 번뇌(煩惱)

주관이 객관을 만나 어떤 것을 인식한다.

안(眼)·이(耳)·비(鼻)·설(舌)·신(身)·의(意)의 육근(六根)이 색(色)·성(聲)·향(香)·미(味)·촉(觸)·법(法)의 육경(六境)을 대하면 순간적으로 '좋다(好)' '나쁘다(惡)' '좋지도 않고 나쁘지도 않다(平)'는 세 가지 감각을 느낀다.

그리고 좋은 데서 즐거움을 느끼고(樂受), 나쁜 데서는 괴로움을 느끼며(苦受), 좋지도 나쁘지도 않은 데서는 즐겁지도 괴롭지도 않은 감정을 느낀다.(不苦不樂)

이렇게 육근은 각각 여섯 가지의 감정을 느끼기 때문에 36종류(6×6)가 된다. 이 36종의 감정은 과거, 현재, 미래에 걸쳐 있음으로 108종류(36×3)가 된다. 중생의 감정은 크게 108개 속에 포함된다.

4) 삼독(三毒)

선근(善根)을 해치는 탐내고(貪), 성내고(瞋), 어리석은(癡) 세 가지 독을 말한다. 여기서 독이라 한 것은 『대승의장』에 "삼독이 모두 삼계의 번뇌를 포함하고, 온갖 번뇌가 중생을 해치는 것이 마치 독사의 독과 같다"하고 있다.

5) 안거(安居)

부처님 당시 유행(遊行)하면서 수행하는 데 여러 가지 많은 곤란을 겪지 않을 수 없었다. 특히 인도는 여름에 비가 많이 오는 지역으로 이 때에는 유행하며 수행시 대지를 기어다니는 작은 벌레들을 밟아 죽일 염려가 있었다.

그리하여 비가 많이 내리는 여름 석달은 일정한 장소에 머물며 정진하게 되었는데 이것을 안거라고 하였다. 그 후 나라마다 지역적인 특성에 따라서 약간의 변화가 생겨 우리 나라의 경우에는 음력 4월 15부터 음력 7월 15일까지의 하안거와 음력 10월 15일부터 음력 1월 15일까지의 동안거로 구분하였다.

6) 포살(布薩)

교단의 기반인 각 구성원의 생활이 실제로 계율에 입각하여 바르게 행해져서 청정함이 유지 되도록 매월 15일과 30일에 한곳에 모여서 자신의 행위를 반성하는 행사이다.

우리 나라에서는 대체로 안거 기간에만 행해지고 있다.

7) 인가(印可)

스승이 제자의 깨달은 마음을 증명하고 인가하여 법을 전하는 것을 말한다. 선종사에 보면 부처님께서는 가섭존자만을 인가하여 그 징표로 의발(衣鉢)을 전수하였고 28대 달마 조사를 거쳐 33대 혜능까지 전래되어 왔다. 혜능조사 이후 의발(가사, 발우) 전수가 폐지됨과 동시에 인가하는 제자의 수적인 제한도 함께 없어지게 되었다.

8) 운력(運力, 雲力)

사찰에서 대중이 함께 모여 육체 노동을 하는 것을 운력이라 한다. "많은 사람이 구름처럼 모여 일을 한다"는 운력(雲力)이나 "함께 힘을 기울인다"는 의미로 운력(運力)이라고 한다. 그러나 어디까지나 수행의 한 방편임을 유의해야 한다.

9) 단식(斷食)

어떤 기도의 성취를 위하여 일정기간동안 음식을 섭취하지 않고 정진하는 것을 말한다. 원래 자이나교와 요가파에서 수행하던 방법이었던 것이 불교에 도입되었다. 특히 밀교에서 비법(秘法)을 닦고 지성을 나타내기 위해 행해진다.

운력 사찰에서 대중이 함께 모여 육체 노동을 하는 것이다.

10) 용맹정진(勇猛精進)

부지런히 용감하고 맹렬하게 정진함을 이른다. 일정기간 동안 자리에 눕지 않고 잠자지 않으며 수행자 자신에게 가혹하리만큼 엄격한 정진을 말한다.

11) 자자(自恣)

보통 안거가 끝나는 음력 7월 15일에 스님들이 모여서 자기 스스로 지난 안거 기간동안 자신에게 범계(犯戒)등의 허물이 있었다면 무엇이든 지적해 달라고 동료 스님에게 청하는 의식이다.

12) 탁발(托鉢)

수행자의 목숨을 발우에 기탁한다는 의미를 지니고 있다. 탁발은 걸식과 같은 뜻으로 사용되는데, 첫째는 수행을 방해하는 가장 큰 독소인 아만과 아집을 없애고, 둘째는 보시하는 이의 복덕을 길러주는 공덕이 된다.

13) 사의지(四依止)

출가 수행자가 의지해야 할 기본적인 네 가지 생활 양식을 가리킨다.

첫째, 걸식(乞食)이다. 둘째, 분소의(糞掃衣)이다. 셋째, 수하좌(樹下座)이다. 네째, 부란약(腐爛藥)으로 생활하는 것을 말한다.

14) 선지식(善知識)

훌륭한 스승, 훌륭한 지도자 또는 훌륭한 지식을 가진 사람을 뜻한다. 본래의 뜻은 '내가 잘 아는 사람, 우인(友人), 지기(知己)'의 뜻이 있었다.

15) 경책(警責)

경책 좌선중에 졸거나 정신을 집중하지 않거나 자세가 흩어지면 경책을 한다.

특히 좌선 중에 졸거나 정신을 집중하지 않거나 자세가 흩어지면 경책을 한다. 이것은 장군죽비로 수행자의 어깨를 때려 망념과 수마를 내쫓는 것을 말한다. 경책은 본인이 원하여 받는 경우도 있다.

경책을 받으면 합장하여 감사의 인사를 한다. 또한 경책하는 분도 합장하여 답례한다.[1]

16) 간경(看經)

처음에는 경전을 조용한 곳에서 말없이 보는 것을 의미하다가 점차적으로 경전을 독송하는 것, 경전을 연구하기 위하여 읽는 것으

---

1) 정성본 저, 『좌선으로의 초대』 동국대 경주캠퍼스 정각원, 1999, 28쪽.

로 해석되었다. 즉, 엄밀한 의미에서 간경은 불법의 교리를 익히기 위해서 여러 경전을 섭렵하는 것이 아니라 하나의 경전을 수행삼아 오랫동안 마음으로 읽었던 것을 말한다.

17) 습의(習儀)

사찰에서 예절이나 의식에 관한 제반사항을 미리 배워 익히는 것을 말한다. 강원에서는 스님들이 일주일에 한 번 정도 하고 있다.

18) 상강례(上講禮)

강원에서 스님들이 강의를 받기 전에 올리는 예를 말한다. 그때에 맞추어 여러가지 지시사항들을 알려주는 시간이기도 하다.

19) 입선(入禪)·방선(放禪)

선방에서 좌선이 시작되는 것을 입선이라 하고 좌선이 끝나는 것을 방선이라고 한다. 또한 입승(立繩)이 죽비를 삼타(三打)하는 것을 합도(合圖)라고 한다.

20) 포행(步行)

참선을 하는 데는 원래 정해진 자세가 있는 것이 아니다. 그래서 앉아서 하는 것을 좌선(坐禪), 걸어다니면서 하는 것을 행선(行禪), 누워서 하는 것을 와선(臥禪)이라고 한다. 다만 앉아서 하는 것이 가장 효과적이기 때문에 일반적으로 참선이라고 하면 좌선을 지칭하고 있다. 그런데 좌선을 한다고 해서 무한정 앉아 있을 수만은 없다. 그래서 좌선 중에 피로도 풀고 졸음을 쫓기 위하여 일정한 주위를 왕복하여 걷는 시간을 가지는데, 이것을 포행(步

行) 혹은 경행(經行)이라 부른다.

21) 방부(房付)
스님이 다른 절에 가서 잠시 있기를 원하는 일이다. 다른 말로 안승(安僧)과 같다. 입방원서에 자신의 신상과 해당 사찰의 규칙을 준수하겠다고 기록하기도 한다.

제6절_ 구조물에 대한 용어

1) 부도(浮屠, Buddha;stūpa)
부두(浮頭), 부도(浮圖), 부도(佛圖)라고 한다. 구역가(舊譯家)는 불화(佛陀)의 전음(轉音)이라 하고 신역가(新譯家)는 솔도파(窣堵波) 곧 탑의 전음이라 한다. 후세에는 흔히 솔도파와 통용하며, 우리 나라에서는 스님들의 사리나 유골을 넣은 석종(石鐘)을 부도라 하였다. 어원으로 본다면 불타가 곧 부도이므로 외형적으로 나타낸 불상이나 불탑이 부도이며, 나아가 스님들까지도 부도라 일컬었던 예가 있었으니 부도란 실로 넓은 뜻을 가지고 있다.

2) 세심교(洗心橋)
사찰에 들어서기 전에 다리를 지나면서 몸과 마음을 깨끗이 씻고 들어가라는 뜻이다. 피안교(彼岸橋), 극락교(極樂橋)라고도 한다.

3) 구품연지(九品蓮池)
불교경전의 하나인 『관무량수경(觀無量壽經)』에 의하면 정토에

세심교 사찰에 들어서기 전에 몸과 마음을 깨끗이 씻고 들어가라는 뜻이다.

태어나는 자의 성격이나 행위의 차이에 따라 정토에서 태어나서 받는 과보(果報)에도 아홉가지의 종류가 있다고 한다. 즉 상·중·하의 삼생(三生)으로 나누고 이것을 다시 삼품(三品)으로 분류한 극락왕생의 아홉가지 단계이다.

극락세계에 왕생하게 되면 평생 지은 업(業)의 깊고 얕음에 따라 아홉가지의 차등이 있는 연대(蓮臺)에 앉게 된다. 연지는 연꽃을 키우는 연못으로 연꽃은 불교의 연화세계(蓮華世界)를 상징하는 것이다.[2]

4) 누정(樓亭)

사방을 바라볼 수 있도록 마루바닥을 한층 높게 지은 다락 형식의 집이다. 방이 없고 마루만 있으며 사방이 잘 보이게끔 막힘 없

---

[2] 홍사성 주편, 『불교상식백과』 불교시대사, 1996, 1033쪽 참고.

이 탁 트이게 지었다.

5) 회랑(回廊)

회랑은 건물과 건물을 연결하는 복도의 성격을 지닌 건물로서 대웅전의 옆문과 통과하게 되어 있다. 회랑의 구조는 궁중의 것과 비슷하다. 그 이유는 국왕은 세간의 왕이요, 부처님은 출세간의 대법왕이라는 뜻에서 대웅전을 중심으로 동서회랑을 건립하는 수법이 생긴 것이다.

6) 탑(塔)

범어로 스투파(stūpa)이다. 원래는 부처님의 사리를 봉안하고 그 위에 흙이나 돌을 높이 쌓아 만든 것이 최초의 기원이다. 무덤, 묘를 의미한다.

후세에는 사리가 들지 않은 경우에도 쌓아올려 탑이라 불렀으며 중국에는 전탑, 우리 나라에는 석탑, 일본에는 목탑이 발달하게 되었다. 지형에 따라 일탑식, 쌍탑식이 있다.

7) 석등(石燈)

연등을 상징한 등불을 밝히는 시설물이다. 후대에 이르러서는 법당 앞이나 탑 앞에 설치하는 가람 배치상 기본 건축물로 변했다.

8) 당간지주(幢竿支柱)

당(幢)은 '건다', 간(竿)은 '장대', 지(支)는 '지탱하다', 주(柱)는 '기둥'이다. '거는 장대'로서 지탱하고 있는 기둥이다. 대개는 신성한 사찰의 영역임을 표시하기 위하여 사찰입구에 세워지며 재질은 동, 철 등의 금속도 있지만 대부분 돌로 만들어 졌다. 현재까지 알려진 당간지주들은 통일신라 이후의 것들이다.

9) 장생표(長生標)

신라·고려시대에 사령(寺領)을 표시하기 위하여 사찰 주변에 세웠던 표지물로써[3] 장생표는 재질에 따라 목장생(木長生)과 석장생(石長生)으로 구분된다.

통도사 석장생표   사찰의 경계를 표시하기 위하여 세운 것이다./보물74호

기록에 있는 최초의 장생표는 통일신라시대인 759년(경덕왕 18년) 전남 장흥의 보림사에 세워진 것이며, 그 밖에도 청도 운문사에 12개, 원주 봉은사에 1개, 오대산 월정사에 1개 등 여러 곳에 장생표가 세워졌다.[4]

이러한 여러 장생표 중에서 통도사의 12국장생에 관한 기록이 비교적 상세하게 전하여지고 있는데, 이 국장생은 통도사측의 요청에 의하여 1085년(선종2년)에 호부가 첩문을 내려 건립하게 한 것으로서, 사찰 입구에는 2개의 석비형과 4개의 석적형 장생이 있었다고 한다. 이 가운데 하북면 답곡리의 솔래천(省仳川이라고도 함)에 세워졌던 석장생표가 현전하여 보물 제74호로 지정되어 있다.[5]

---

3) 한국정신문화연구원, 『한국민족문화대백과사전 19』 194쪽 참고.
4) 홍사성 주편, 『불교상식백과』 불교시대사, 1996, 1154쪽 참고.
5) 한국정신문화연구원, 『한국민족문화대백과사전 19』 194쪽 참고.

10) 주련(柱聯)

기둥이나 벽에 세로로 써 붙인 글씨를 말한다. 기둥마다 시구(詩句)를 연(聯)하여 걸었다는 뜻이다. 걸려있는 주련은 경전 속에 나오는 좋은 글귀나 스님들이 공부하다가 깨달은 내용을 세상에 널리 알리고 후세에 남기기 위해서 나무에 새겨서 건다.

11) 편액(扁額)

널빤지나 종이, 비단에 글씨를 쓰거나 그림을 그려 문 위에 거는 액자로서 흔히 현판(懸板)이라고도 한다. 대개 가로로 걸기 때문에 횡액(橫額)이라고 하며 글씨를 가로로 쓰는 경우가 많다.[6]

제7절_ 불교에서 나온 어휘들

1) 가책(呵責)

본래 지혜라는 이름을 가진 수행자와 노자나라는 수행자가 싸움을 좋아해 수시로 싸움을 벌일 뿐 아니라 주위의 수행인들을 부추겨 싸움을 걸자 부처님께서 이 두 사람을 꾸짖어 '가책갈마(呵責羯磨)'를 제정했다고 한다.

비난하다, 꾸짖다, 비난해서 물리치고 배격한다는 의미로 사용되어 오던 것이 이제는 자신의 잘못을 스스로 돌아보고 책망한다는 의미로 사용되고 있다.

---

6) 한국정신문화연구원, 『한국민족문화대백과사전 23』 416쪽.

2) 걸식(乞食)

남에게 음식을 구걸하는 일, 얻어먹는 일, 그것이 걸식이다.

범어 'Pinda-pāta'에서 나온 말로 '음식을 주는 것'이란 뜻인데 '음식을 구하는 것'으로 굳어지게 되었다.

부처님은 걸식에 있어 지켜야 할 네 가지를 당부 하셨다.

① 심신을 바르게 하여 계에 머무를 것(住正戒)
② 용모를 바르게 하여 위의를 지켜서 보는 이로 하여금 공경과 신심을 일으키게 할 것.(住正威儀)
③ 부처님이 가르치신 법도에 맞게 할 것이며 다섯 가지 부정을 여읠 것.(住正命)
④ 육신은 고(苦)의 원인이며 음식을 먹는 것은 몸을 유지하며 수행을 위한 것으로 알 것.(乞食四事)

우리 나라에서도 걸식수행을 한 바 있으나 지금은 사회적 현실을 고려해 종단 차원에서 금하고 있다.

3) 공덕(功德)

범어로 'guna'이다. 예로부터 불교에서는 공덕을 많이 닦고 쌓을 것을 강조 해 왔다. 공덕은 결과에 앞서 쌓아가고 닦아 가는 과정에 보다 큰 의미가 있다.

4) 교만(憍慢)

'교만할 만(慢)'자는 범어 'māna'의 번역이다. 자신과 남을 비교해서 남을 깔보고 스스로에 대한 믿음이 지나쳐 쉽게 우쭐거리는 마음을 갖는 것을 말한다.

5) 국토(國土)

나라의 땅 영토, 한 나라의 통치권이 미치는 영역을 말한다. 범어 'ksetra'의 번역으로 경전 곳곳에서 자주 대할 수 있는 단어가 바로 국토다. 'ksetra'는 찰(刹)로 음역되는데 음역한 찰과 번역한 토(土)가 합해져 찰토(刹土)라 하기도 한다. 국토와 같은 의미로 쓰인다.

6) 내의(內衣)

내복과 같은 뜻으로 속옷을 말한다. 부처님 당시 비구는 승가리(僧伽梨), 울다라승(鬱多羅僧), 안타회(安陀會)의 삼의(三衣)를 입도록 했고 비구니는 삼의 외에 승지지(僧祗之), 궐소락가(厥蘇洛迦)를 더하여 오의를 입도록 정해져 있었다.

(1) 가사(袈裟, kāṣāya)

금란가사 부처님의 가사로서 통도사에 모셔져 있다.

가사는 원래 인도의 엽사(獵師) 등이 입었던 누더기 옷을 카샤아라 불렀는데 불교에서 받아들인 것이다. 인도의 승단에서 제정된 법의(法衣)는 그 색 때문에 가사(袈裟)라 하였다. 그 색은 청·황·적·백·흑의 5가지 정색(正色)을 피하고 색이 섞이고 바랜 듯한 것을 사용하였다.

불교가 북방에 전래됨에 따라 규정된 삼의(三衣)만으로는 추위를 막을 수 없었으므로 하의(下衣)를 착용하게 되었으며, 그것이 법의(法衣)로 변천하게 되었다. 하의(下衣)의 변형인 오조가사(五條袈裟)는 대부분 무늬를 짜넣은 자·청·비(紫·靑·緋) 등을 사용하였고, 다시 첩오조(疊五條)에서 윤가사(輪袈裟)·소오조(小五條)·삼서가사(三緖袈裟)·낙자(絡子) 등의 간략한 것으로 변형되었다. 중의(中衣)는 칠조(七條), 대의(大衣)는 구조(九條)라 한다.[7]

(2) 장삼(長衫)

법의(法衣)의 하나로서 웃 옷인 편삼(偏衫)과 아랫매기인 군자(裙子)를 위아래로 합쳐 꿰맨 법복이다. 중국에서 직철(直裰)이라 한다.[8]

원래 불교의 발상지인 인도에서는 착용하지 않았던 것인데, 불교가 중국으로 전해지면서 기후나 의습(衣習)에 따르는 영향으로 편삼(偏裰)을 가사와 함께 착용하였다. 이 편삼이 뒤에 장삼으로 우리나라에 전래되었다. 편삼은 편철(偏裰)이라고도 하며, 중국 북위(北魏)때 혜광(慧光)이 승지지(僧祇支)에 편수(偏袖)를 붙이고 옷섶을 단 윗옷으로 중국의 선가(禪家)에서 사용하여 온 것이다.[9]

7) 대중(大衆)

대중의 본뜻은 많은 수의 스님들, 즉 불교 교단을 구성하고 있는 비구, 비구니, 우바새, 우바이의 사부대중을 가리키는 것으로 '법

---

7) 金吉祥 편, 『불교학대사전』 홍법원, 1998, 11쪽 참고.
8) 金吉祥 편, 앞의 책, 2221쪽 참고.
9) 한국정신문화연구원, 『한국민족문화대백과사전 19』 190쪽 참고.

회에 참석하는 사람들'을 총칭하기도 한다. 범어 'māhasaṃgha'의 번역으로 경전마다 "부처님께서 대중들에게 이르셨다"는 구절을 쉽게 발견할 수 있다.

8) 도구(道具)

수행자가 반드시 소지해야 할 여섯 가지 생활도구로 육물(六物)이 있다.

삼의(三衣)와 발우, 좌구(坐具 : 앉고 누울 때 바닥에 까는 것으로 방석과 요의 겸용), 녹수낭(漉水囊 : 물을 길어 물 속의 벌레들을 걸러내는 도구)이 그것이다. 이를 더 줄여 삼의일발(三衣一鉢 : 세 벌의 옷가지와 발우 하나)이라 한다. 청빈과 무소유를 상징하는 도구이다.

이밖에 『법망경』에서는 수행에 필요한 도구로 열여덟 가지 물건을 꼽고 있다.

① 양지(楊枝:이쑤시개) ② 조두(澡豆 : 손을 씻을 때 비누로 사용했던 팥분말) ③ 석장(錫杖 : 벌레를 쫓는 지팡이) ④ 향로 ⑤ 물병 ⑥ 도자(刀子:머리를 깎고 손톱을 깎는 손칼) ⑦ 수건 ⑧ 부싯돌 ⑨ 섭자(鑷子 : 콧수염을 빼는 쪽집게) ⑩ 승상(繩床 : 의자) ⑪ 경전과 계본 ⑫ 불보살상에 육물이 더해진 것이 십팔물이다.

이들 도구는 '선지식이 일체의 도에 이르는 데 도움이 되는 용구'라 하여 수행자가 탁발 걸식을 하거나 유행(遊行)을 할 때 항상 몸에 지니고 다니는 것들이다.

9) 도장(道場, 도량)

도장의 본뜻은 부처님께서 깨달음을 이루신 장소라는 의미다.

즉 붓다가야의 보리수 아래 금강보좌를 가리키는 말로 부처님께서 깨달음을 얻은 장소의 총칭으로 쓰이며, 밀교에서는 기도수법(祈禱修法)을 짓는 장소를 말한다.

10) 동냥(動鈴)

본래 동냥은 동령에서 나온 말이다. 동령이란 요령을 흔든다는 의미다. 탁발하러 다니면서 스님들이 요령을 흔들었던 것이 아예 걸식의 대명사가 되었고 그것이 발음마저 바뀌어 '동냥'으로 굳어진 것이다.

이제는 발음과 더불어 의미도 바뀌어 수행과 보시를 위한 일이 아닌 거지들의 '구걸행위'를 가리키는 말이 되었다. 거지들이 밥이나 찬거리를 얻으러 다니는 것을 스님들의 탁발에 비유해서 그렇게 부르는 것 같다.

11) 말세(末世)

본디 불교용어인 말세는 불교의 '삼시(三時)'에서 나온 말이다. 부처님께서 입멸하신 뒤에 시대가 흘러감에 따라 그 가르침이 여법하게 실행되지 않는다는 역사관에 입각해서 정법(正法), 상법(像法), 말법(末法) 시대로 나누고 있다.

대개 부처님 입멸 후 천년 혹은 오백년을 정법의 시기, 그 다음 천년을 상법의 시기, 그 다음 만년을 말법의 시기라 이름한다.

12) 망상(妄想)

정신분석학적으로 본다면 정신 이상에서 오는 망령된 생각으로 잘못된 생각을 옳다고 주장하는 증세라고 한다. 이치에 맞지 않는 그릇된 생각, 객관적으로 이해할 수 없는 잘못된 견해, 그것이 바로 망상이다.

13) 면목(面目)

자주 "본래 면목을 잃어 가고 있다"는 표현처럼 앞에 '본래'를 붙여서 흔히 사용하고 있다. 본래 면목은 본체(本體) 그대로의 상태, 참모습을 일컫는 것이다. 다시 말하면 진면목 즉 불성이라 하겠다. 본래 면목을 찾는 일이 우리의 과제 중에 하나일 것이다.

14) 명색(名色)

명(明)은 정신이고 색(色)은 육체로써 합쳐서 사람의 형상을 뜻한다. 명색은 물질과 정신이 결합된 상태로, 인식작용에 의해 일체의 존재가 현상적으로 나타남을 말한다. 십이연기의 네번째로 개체적 존재로서의 오온(五蘊) 전체를 가리킨다.

15) 무상(無常)

범어 'Asaṃjñin'의 번역으로 상(相)이 없는 자, 멸진정에 든 사람을 말하며, 대상에 대한 상념(想念)이 완전히 없애진 상태이다. 물심(物心)의 모든 현상은 한 순간에도 나고 변화하고 멸하므로 상주(常住)하는 것이 없다는 뜻이다.

16) 무심(無心)

감정도 의식도 없는 아무 생각 없는 마음 상태라는 의미다. 불교에서는 허망하게 분별하는 삿된 마음, 미혹한 마음을 여읜 것을 가리켜 무심이라 한다. 마음의 작용이 없는 것으로 무상정(無相

定) 및 멸진정(滅盡定)을 말한다.

17) 세계(世界)

세계는 범어 'lokadhatu'의 번역으로 본래 부서질 장소라는 뜻을 지니고 있다. 시간적으로 나고 멸하고 변화함이 있고 공간적으로는 방위 등의 한정된 장소를 세계라 한다. 해와 달이 비추는 범위로서 수미산을 중심으로 한 사대륙을 말하며 또는 지옥이나 천상의 영역도 포함하며 막연히 우주를 의미하는 경우도 있다.

18) 상속(相續)

범어 'samtana'의 번역으로 본뜻은 항상 변화하는 연속적 개체라는 뜻이며, 개체의 연속을 의미한다. 원인은 결과를 낳고 결과는 다시 원인이 되어 또 다른 결과를 낳아 원인과 결과가 차례로 연속해서 끊어지지 않는 상태 그것이 바로 상속인 것이다. 불교용어 가운데에는 사람의 죽음 혹은 등불이 꺼지듯이 한동안 상속하던 법이 결국 없어지고 마는 것을 '상속무상(相續無常)'이라 하며 연속적으로 일어나 단절함이 없음을 '상속부단(相續不斷)'이라 한다.

19) 상호(相好)

온화한 모습이거나 밝은 표정일 때 주로 쓰는 말이다. 부처님의 모습을 상호라 하던 것이 시간의 흐름 속에 보통명사화 된 것으로 보여진다.

범어 'laksana'와 'anuvvanjana'가 합쳐진 용어로 32상(相) 80종호(種好)의 합성어이다.

20) 무진장(無盡藏)

무진은 끝이 없음, 잘 융화돼 서로 방해함이 없음을 뜻해 원융무애(圓融無碍)와 같은 의미로도 쓰인다. 덕이 많아 한량없는 상태, 다함이 없는 덕을 지니고 있는 것을 비유해 무진장이라 한다.

21) 범부(凡夫)

범어 'prthag-jana'의 번역으로 이생(異生)이라 직역하기도 한다. 이생이란 여러 가지 번뇌나 견해에 의해서 갖가지 업을 일으킨 뒤 갖가지 과보를 받아 여러 세계에 태어나는 존재라는 뜻이다. 무지하고 불교의 가르침을 모르는 미혹한 사람이다.

22) 분신(分身)

불보살들이 중생구제를 위한 방편으로 모습을 나누어 나투는 것을 분신이라 한다. 불보살님들의 중생교화를 위한 자비 방편으로서 시방세계에 몸을 나누어 나타내시는 모습은 법화경을 비롯하여 여러 경전 속에서 자주 엿보인다.

23) 신통(神通)

범어 'abhijna'의 번역으로 선정을 통한 수행으로 얻는 작용이며, 걸림없이 자재한 초인적이고 불가사의(不可思議) 한 작용을 일컫는다. 선문에서는 대오철저(大悟徹底)한 사람이 나타내 보이는, 어떤 것에도 사로잡히지 않는 자유스러운 능력을 말한다.

24) 아비규환(阿鼻叫喚)

심한 고통 속에서 울부짖는 참상, 처절한 고통의 모습을 일컬어

'아비규환'이라고 한다. 아비규환이란 팔열지옥 가운데 아비지옥과 규환지옥을 합친 말이다. 두 지옥 모두 8대 지옥의 하나이며, 아비지옥은 극악인이 가장 괴로운 곳이다.

25) 아수라장(阿修羅場)

범어 'asura'의 음역이다. 고대의 인도에서부터 아수라는 '전쟁과 투쟁'을 일삼는 일종의 귀신으로 여겨지던 존재이다. 아수라는 일상생활에서는 싸움의 상징으로 사용되고 있으나 불교에서는 시기심이 강하고 싸움을 일삼는 존재와 더불어 불법을 수호하는 팔부신중의 하나로도 설명되고 있다.

26) 안심(安心)

부처님의 가르침에 의해 마음의 평안을 얻어 흔들리지 않는 믿음을 지니게 된 경지를 말한다.

27) 염색(染色)

출가해서 삭발하고 염의를 입어 수행자가 되는 것을 '삭발염의(削髮染衣)'라 한다. 중국이나 우리 나라에서는 주로 법의에 쥐색 계통의 검정색을 물들여 입었다. 진달래 뿌리나 물푸레나무를 숯으로 구워 절구에 빻아 숯물을 들이는데 이를 치의(緇衣), 흑의(黑衣)라 한다. 치의를 입는다 하여 치문(緇門)이라 한다.

흐릿한 가사의 빛깔을 '염색'이라 했던 것이 변하여 '물들이다'는 의미가 되었다.

28) 의식(意識)

안(眼), 이(耳), 비(鼻), 설(舌), 신(身), 의(意)의 육식(六識) 가운데 하나다. 의식을 제6식이라고도 한다. 의근(意根)에 의한 식이란 뜻으로 물심(物心)의 모든 현상의 총상(總相)을 요별(了別)하는 작용을 한다.

29) 이심전심(以心傳心)

선종의 경우 문자에 의존하지 않고 경론에도 의지하지 아니한 채 곧바로 스승과 제자가 대면해 마음에서 마음으로 법을 전하는 것을 이심전심이라고 한다. 일반적으로 가벼운 의미로 생각하는 것을 마음에서 마음으로 전하는 경우에도 사용한다.

30) 인연(因緣)

범어의 'hetupratyaya'의 번역이다. 결과를 낳는 내적인 직접 원인이 인(因, hetu)이며 주변에서 이를 돕는 간접적인 원인이 바로 연(緣, pratvava)이다. 원인과 조건, 그럴 만한 이유나 계기 이를 모두 인연이라고 한다. 인연은 연기의 다른 표현이다.

31) 자비(慈悲)

본디 불쌍히 여긴다는 의미의 범어 'maitri'에서 나온 자(慈)와 동정, 공감, 함께 슬퍼한다는 뜻의 범어 'karuna'에서 나온 비(悲)가 합쳐져 된 말이다. 자(慈)라는 단어에는 온갖 생명체를 사랑한다는 의미가 있으며, 비(悲)는 온갖 생명체를 불쌍히 여겨 괴로움을 뿌리뽑아 준다는 뜻이다.

32) 자업자득(自業自得)

자기가 저지른 일의 과보를 다시금 자기가 받는 것을 말한다. "그토록 욕심을 내어 일을 망쳤으니 자업자득이다" 스스로가 지은 선(善)과 악(惡)의 업(業)은 반드시 자기가 스스로 받게 되는 인과응보(因果應報)의 법칙을 이르는 말이 바로 자업자득이다.

33) 자유(自由)

무엇에도 의지하지 않고 그 자체로 존재하는 것, 독립자존의 상태, 이를 자유라 한다.

범어 'Avavam svavam-bhuvah'의 번역이다. 자유와 같은 개념으로 '자재(自在)'나 '무애(無碍)'가 있다. 두 용어 모두 자유롭지 않음이 없고 장애 될 것이 없다는 말이다.

34) 작업(作業)

작업은 '깨달음을 위한 수행'의 뜻으로 쓰인다. 그러나 정토교의 용어로 보다 많이 활용되고 있는데 왕생을 원하는 사람의 마음가짐이나 실천하는 방법을 일컫는다. 범어 'karman'의 번역으로 몸과 마음에 의한 행위나 활동을 말할 때도 있다.

35) 장로(長老)

오늘날 불교에서는 거의 쓰지 않는 단어다. 집사, 장로, 권사하는 식으로 기독교 성직의 한 계급으로 널리 쓰이고 있다.

캘빈의 장로주의로부터 이루어진 교파 가운데 하나가 기독교의 장로교이다. 기독교가 우리 나라에 전래되면서 번역 과정상 이 단어를 선택해 이젠 마치 기독교 용어인양 인식되고 있지만 장로는 어디까지나 불교에서 나온 말이다. 범어 'avusmat'의 번역으로 상좌(上座), 상수(上首), 수좌(首座)라고도 한다.

장로에는 세 종류가 있다. 그 하나는 불문에 귀의한 지 오래된 법랍(法臘)이 높은 스님을 가리키는 기년(耆年)장로, 교법에 정통하고 덕이 높은 스님을 일컫는 법(法)장로, 그저 이름뿐인 작(作)장로 등이다.

36) 전도(傳道)

깨달은 바의 도를 다섯 사람의 동료에게 최초로 전하신 사건을 초전법륜(初轉法輪)이라 하는데 이것이야말로 부처님의 '전도활동'의 시작이라 할 수 있다. 부처님은 제자들에게 적극적인 '전도의 개시'를 당부한다. 이것이 그 유명한 '전도선언'이다.

"그대들은 이미 해탈을 얻었다. 이제 모든 천인과 인간들 속에서 그들을 제도하라. 많은 사람의 이익을 위하고 많은 사람의 안락을 위해서 그리고 세상에서 구하는 미래의 이익과 안락을 위해서 가도록 하라. 마을로 들어갈 때는 혼자 갈 것이요. 두 사람이 한 곳으로 가는 일이 없도록 하라. 그대들은 많은 사람을 연민하고 섭수하여 이치에 맞게 잘 알아들을 수 있도록 설법하라. 나도 우루벨라의 병장촌으로 가서 설법, 교화하겠다"

37) 점심(點心)

낮에 먹는 식사를 점심이라 하지만 본래의 의미는 선종에서 야식을 먹기 전에 먹는 소식(小食)을 가리키는 말이다. 글자 그대로 음식으로 뱃속에 점을 찍을 만큼의 적은 양의 식사를 말한다.

38) 정진(精進)

오로지 정성을 기울여 노력하고 매진한다는 의미로 자주 쓰이는 말이다. 범어 'virya'의 번역으로 성불하려고 노력하는 보살이 수행하는 육도(六道)의 하나로서 자리이타를 궁극적 목표로 해서 실천궁해하려는 육바라밀의 네번째가 정진바라밀이다.

30) 종자(種子)

범어 'bija'의 번역이다. 종자로부터 싹이 나오기 때문에 불교에서는 '믿음의 씨앗', '원인의 씨앗' 등 종종 비유의 대상으로 거론되곤 한다. 유식설에서 초목의 종자의 별리(別里)에 의해 각종의 싹이 나오듯이 야뢰야식은 각종의 모든 법의 인(因)이라고 생각하는 점에서 이를 종자에 비유하며 말한다.

40) 중생(衆生)

범어 'sattva'의 번역으로 유정(有情)이라고 번역되기도 한다. 미혹의 세계에 사는 아주 작은 미물로부터 넓게는 불보살에 이르기까지 모두 중생의 범위에 넣을 수 있다.

'여럿이 함께'라는 뜻으로 쓰여지는 중생은 중연소생(衆緣所生)의 의미로 여러 존재를 인연하여 태어난다는 것으로 무수한 인연들과 더불어 살아가는 존재를 가리킨다. "중생은 모두가 다 불성(佛性)을 지니고 있다"는 진리는 한가지뿐이다.

41) 지식(知識)

범어 'mitra'의 한역이 지식인데 이는 '아는 사람', '벗', '친구'라는 뜻을 지녔다. 내가 모습과 그 마음을 잘 아는 상대 그것이 지식이다. 선지식(善知識)과 악지식(惡知識) 중에서 선지식을 말한다.

42) 지옥(地獄)

범어 'naraka'의 번역으로 나락(奈落)이라 음역하며, 땅 밑에 있는 감옥이란 뜻이다. 보통 8열지옥, 8한지옥, 10대지옥으로 나눈다. 이 지옥들은 염라대왕이 다스리며 지옥 중생들에게 여러가지 고통을 준다.

43) 차별(差別)

원래 차별은 현상계에서 개개의 사상(事象)이 서로 독특한 특성을 지니고 있는 관계라는 뜻이다. 일반적으로 만법의 근본원리를 평등이라 하는 것에 대하여, 만유의 차별 현상을 말하는 것이다.

44) 참회(懺悔)

참(懺)은 Kṣama의 음역으로 과거에 저지른 죄를 고백하고 용서를 비는 것이고, 회(悔)는 Kṣamytãm의 음역으로 후회하고 뉘우쳐서 죄를 짓지 않겠다는 뜻이다. 나아가 이참(理懺)은 보편적인 실상의 진리를 관하여 행하는 참회의 방법이고 사참(事懺)은 신(身), 구(口), 의(意)의 행위로 참회하는 것이다. 특히 지극한 마음으로 참회하는 것을 발로참회(發露懺悔)라고 한다.

45) 청문(聽聞)

부처님의 가르침을 귀기울여 들음을 뜻하는 단어다. 거룩하신 부처님의 가르침을 귀로 듣고 가슴으로 새긴다면 그것이 깨달음으로 향하는 자세이다.

46) 출세(出世)

범어 'uppada'에서 나온 말로 원어는 '출생·출현'의 뜻이다. 부처님께서 이 세상에 나시는 것, 중생의 세계에 출현하시어 교화하는 것을 말한다.

47) 통알, 세알(通謁, 歲謁)

새해가 되어 덕을 입고 있는 교주이신 석가모니 부처님을 비롯하여 삼보와 호법신중과 인연 있는 일체 대중에게 세배 드리는 의식이다.

48) 파문(破門)

교단이나 종파에서 추방하는 것으로 불교에서 수행자에게 내리는 가장 큰 벌이 '파문'이다. 또는 스승이 제자를 추방하여 사제관계를 끊는 것이다. 이것이 변하여 스승이 제자를 문인(門人)으로부터 제적하는 것에도 사용된다. 계(戒)를 받은 이가 금지한 죄를 범하여 계를 깨뜨리는 것을 파계(破戒)라 한다.

49) 팔만사천(八萬四千)

중생의 망상이 벌어져 나가는 것을 자세히 분석하면 팔만 사천 갈래가 된다는 것이다. 그러므로 망상을 따라 일어나는 악마의 수도 팔만 사천이고 망상을 다스리는 법문 또한 팔만 사천이다. 인도에서는 많은 수를 말할 때에 이런 표현을 썼다. 이것을 줄여 팔만이라고도 한다. 대장경을 속칭 '팔만대장경'이라 부르는 것도 여기서 비롯된 말이다.

50) 평등(平等)

평등은 범어 'samata'의 번역이다. 무차별의 세계, 온갖 현상을 꿰뚫는 절대적인 진리를 일컬어 평등이라 한다. 즉, 높고 낮고 깊고 얕은 차별이 없이 한결같은 것으로 만법의 근본이 되는 원리이다.

51) 항복(降伏)

범어 'stambhana(저해하는 것)' 'pragrahitavya(당연히 억제할)' 등의 의미를 번역한 것으로 '위력으로 다른 이를 눌러 복종시키는 것'을 가리킨다.

52) 행각(行脚)

안거를 마친 수행자들이 자신의 공부와 수도에 적합한 선지식과 장소를 찾아 여기저기 떠돌아다니는 것, 이를 행각이라 한다. 또는 교화를 위해 여기저기 다니는 것을 말한다.

53) 허공(虛空)

허공은 빈 하늘 즉, 거지중천(居之中天)의 의미로 범어 'akasa'의 번역이다. 속이 텅비어서 형질이 없고, 공(空)이고, 그 존재가 다른 것에 장해가 되지 않는 까닭에 허공이라 한다. 일체 제법이 존재하는 공간을 일컫는 불교 용어이다.

53) 현관(玄關)

현관의 본 뜻은 '깊고 오묘한 이치에 통하는 관문'을 의미이다.

선종에서 쓰이던 용어로 깊고 오묘한 도에 들어가는 시작, 이치나 도리가 헤아릴 수 없이 미묘한 뜻에 출입하는 관문이란 것이다.

55) 화신(化身)

범어 'nirmana-kaya'의 번역으로 부처님의 삼신(三神) 가운데 하나로 응신(應身)이라고도 한다. 현실세계 속에서 중생을 제도하기 위해 갖가지 근기에 맞추어 방편으로 나타난 부처님을 말한다.

55) 희사(喜捨)

희사는 '목적과 대가 없이 기쁜 마음으로 베푼다'는 의미를 갖고 있다. 아무런 보상을 바라지 않고 즐거운 마음으로 베풀 때 희사의 참뜻이 살아난다 하겠다.

그 외에 다반사(茶飯事), 인과응보(因果應報), 공부(工夫), 야단법석(野壇法席), 건달, 동참(同參), 수리수리 등이 있다. 불교는 민속의 발전과 전승으로 말미암아 더욱 불교다워지고 민속은 불교라는 높고 넓고 깊은 교리 아래서 민속 본래의 구실을 다하여 한국의 독특한 정신 문화를 형성시켰다.

참고문헌

1. 경전

김지견 역, 『화엄경』 민족사, 1996.
無比 편, 『화엄경』 민족사, 1994.
법정 역, 『신역화엄경』 동국역경원, 1993.
『법화삼부경』 한국승가대학원, 1997.
사회과학원고전연구실, 『팔만대장경 해제』 사회과학출판사, 1992.
이운허 역, 『법화경』 동국역경원, 1995.
『한글대장경』 동국역경원, 1997.

2. 사전류

金吉祥 편, 『불교학대사전 상·하』 홍법원, 1998.
민중서림 편집국 편, 『국어사전』 민중서림, 1999.
신기철·신용철 편, 『새 우리말 큰 사전』 三省出版社, 1980.
운허용하 저, 『불교사전』 동국역경원, 1995.
월간미술 엮음, 『세계미술용어사전』 월간미술, 1998.
李政 編, 『韓國佛敎人名辭典』 불교시대사, 1993.
柳洪烈 監修, 『韓國史大事典』 敎育出版公社, 1981.
洪思誠 主編, 『佛敎常識百科 上·下』 불교시대사, 1996.
존 히넬슨 편, 장영길 옮김, 『세계종교학사전』 까치, 1999.
한국정신문화연구원 편, 『한국민족문화대백과사전』 웅진출판사, 1995.
한국불교대사전편찬위원회 편, 『불교대사전』 명문당, 1995.
한정섭 편, 『불교설화대사전 上·下』 이화문화출판사, 1992.

3. 단행본

(1) 개론서

곽철환 지음, 『불교 길라잡이』 시공사, 1996.
高崎直道 저, 홍사성 역, 『불교입문』 우리출판사, 1990.
고순호 저, 『불교학개관』 선문출판사, 1991.
김동화 저, 『불교학개론』 보련각, 1984.
김혜법 저, 『불교의 바른 이해』 우리출판사, 1988.
교양교재편찬위원회, 『불교학개론』 동국대학교 출판부, 1998.
교양교재편찬위원회, 『불교와 인간』 동국대학교 출판부, 1998.
교양교재편찬위원회, 『불교문화사』 동국대학교 출판부, 1997.
方立川 저, 유영희 옮김, 『불교철학개론』 민족사, 1992.
대원정사편집부 엮음, 『100문 100답(입문편)』 대원정사, 1998.
불교재편찬위원회, 『불교사상의 이해』 동국대학교 불교문화대학, 1998.
이기영 저, 『불교개론 강의 상·하』 한국불교연구원, 1998.
정승석 저, 『100문 100답(강좌표)』 대원정사, 1995.
정병조 저, 『정병조 불교입문』 불지사, 1994.
조계종포교원 편저, 『불교교리』 조계종출판사, 1998.
케네스 지음, 길희성·윤영해 옮김, 『불교의 이해』 분도출판사, 1994.
平川 彰 編著, 楊氣峰譯, 『불교연구입문』 경서원, 1988.

(2) 근본불교

高崎直道 외3 공저, 권오민 역, 『인도불교사』 경서원, 1995.
早島鏡正 외3 공저, 정호영 역, 『인도사상의 역사』 민족사, 1993.
中村元 외2, 金知見 역, 『佛陀의 世界』 김영사, 1984.
中村元 著, 楊貞圭 역, 『불교본질』 경서원, 1995.
增谷文雄 著, 睦楨培 譯, 『불타시대』 경서원, 1984.
정병조·권오민 저, 『불교와 인도사상』 동국역경원, 1993.
사다티사 저, 曺勇吉 편역, 『근본불교윤리』 불광출판부, 1997.
이기영 저, 『석가』 한국불교연구원, 1999.
와따나베 쇼오꼬, 김무득 역, 『경전성립론』 경서원, 1993.

히로사치야 지음, 강기희 옮김, 『소승불교와 대승불교』 민족사, 1994.

(3) 대승불교

金東華 著, 『禪宗思想史』 東國大學校釋林會, 1982.
金煐泰 著, 『韓國佛敎史槪說』 經書院, 1988.
金煐泰 著, 『韓國佛敎思想』 경서원, 1997.
鎌田茂雄 저, 鄭舜日 역, 『中國佛敎史』 경서원, 1989.
鎌田茂雄 저, 申賢淑 譯, 『韓國佛敎史』 民族社, 1988.
다무라 시로 외, 이영자 옮김, 『천태법화의 사상』 민족사, 1994.
다카사키 지키도 지음, 이지수 옮김, 『유식입문』 시공사, 1997.
불교신문사 편, 『한불교인물사상사』 민족사, 1997.
모리나가 마쓰노부 저, 이혜숙 譯, 『불교사회복지학』 불교시대사, 1992.
諦觀 錄, 이영자 역주, 『天台四敎義』 경서원, 1992.
石田瑞 저, 李永子 역, 『일본불교사』 민족사, 1995.
여정 저, 각소 옮김, 『중국불교학 강의』 민족사, 1992.
이만 저, 『유식학개론』 민족사, 1999.
요라토미 모토리오 외7, 김무생 옮김, 『밀교의 역사와 문화』 민족사, 1994.

(4) 실천불교

정성본 저, 『선불교란 무엇인가』 삼원사, 1994.
정성본 저, 『선사상사』 선문화연구소, 1993.
정성본 저, 『선의 역사와 사상』 불교시대사, 1999.
정성본 저, 『좌선으로의 초대』 동국대 경주캠퍼스 정각원, 1999.
조목하 저, 『선과 기독교』 한국불교출판부, 1990.
陳允吉 저, 一指 옮김, 『중국문학과 선』 민족사, 1992.
一指 지음, 『100문 100답(선불교 강좌편 상·하)』 대원정사, 1998.
釋智賢 저, 『禪으로 가는 길』 一志社, 1981.
석지명 저, 『허공의 몸을 찾아서』 불교시대사, 1996.
석지명 저, 『개침의 말씀 깨침의 마음』 불교시대사, 1994.
西山大師 著, 白龍城 譯, 『禪門撮要』 佛書普及社, 1999.

임해봉 저, 『불교사 100장면』, 가람기획, 1994.
紹介 著, 朴敬勳 譯, 『신팔상록』, 동국역경원, 1993.
한국불교사회연구소 엮음, 『불교를 알면 21세기가 보인다』, 정토출판, 1994.
혜원 스님, 『선체조』, 가람기획, 1999.

(5) 신행편
김길원 편저, 『불자예절과 의식』, 불광출판부, 1996.
권영한 저, 『예불하는 마음에 자비를』, 전원문화사, 1995.
대둔산수련원 엮음, 『수련』, 향림출판사, 1997.
無比 著, 『예불문과 반야심경』, 불일출판사, 1994.
석청암 엮음, 『불교, 절에 대한 바른 이해』, 우리출판사, 1996.
어린이불교교육연구소 엮음, 『설법과 교리』, 부다가야, 1998.
정각 지음, 『예불』, 봉은사출판부, 1994.
홍윤식 외3 엮음, 『불교민속학의 세계』, 집문당, 1996.

(6) 종교학
가톨릭 교육재단 협의회 편, 『종교(천주교)』, 분도출판사, 1994.
김영윤 저, 『조직신학 개론』, 도서출판 주류, 1982.
김승혜 편저, 『종교학의 이해』, 분도출판사, 1993.
그레이스 지음, 강돈구 옮김, 『한국종교사』, 민족사, 1995.
루돌프 옷토 지음, 길희성 옮김, 『성스러움의 의미』, 분도출판사, 1995.
幸日出男 외2 공저, 이도업 역, 『종교의 역사』, 경서원, 1992.
불교교육연합회 편, 『종교(불교) 상·하』, 대원정사, 1993.
불교교육연합회 편, 『종교(불교)』, 대원정사, 1997.
H. 키워드 저, 한국종교학회譯, 『종교다원주의와 세계종교』, 서광사, 1996.
요하힘바하 지음, 김종서 옮김, 『비교종교학』, 민음사, 1994.
윌프레드 캔트웰 스미스 지음, 길희성 옮김, 『종교의 의미와 목적』, 분도출판사, 1997.

(7) 다도편
甘承熹 엮음, 『한국다생활총서』, 서울출판, 1994.

석성우 저,『茶道』白羊出版社, 1986.
석용운 저,『韓國茶藝』도서출판 초의,1993.
정영선 지음,『다도철학』너럭바위,1996.

(8) 기 타
김정희 저,『신장상』대원사, 1991.
김진궐 저,『한국불교문화사』불교대학교재편찬회, 1998.
具美來 저,『한국인의 상징세계』교보문고, 1992.
마츠바라 사브로 편저, 최성은외 5,『동양미술사』예경, 1996.
박도희 저,『보살상』대원사, 1991.
박상국 저,『사경』대원사, 1994.
법현 저,『영산재 연구』운주사, 1997.
서문성 엮음,『전통사찰의 창건설화』도서출판 공, 1997.
서울대학교사범대학 1종도서윤리연구개발위원회,『윤리』교육부,1999.
우학스님 저,『새로운 불교공부』좋은인연, 1998.
정각 지음,『가람』봉은사 출판부, 1994.
재원스님,『마하사 불교 교양대학』마하사, 1994.
진홍섭외 2 저,『불상』대원사, 1996.

4. 화 보
『고구려국보전』삼성문화재단, 1995.
『국보 2, 4, 6, 7, 9, 12, 14』웅진출판, 1992.
金鐘玉 편,『新往五天竺國傳』한국방송사업단, 1983.
『통도사』통도사성보박물관, 1987.
이기선외 2,『지옥도』대원사, 1992.
김보현외 4,『부석사』대원사, 1996.

5. 정기간행물
동국대학교 석림회,『석림 28, 30 』동국대학교석림회.
중앙승가대학교,『승가 13, 14』중앙승가대학교.

부록

법맥도 1
법맥도 2
대한불교 조계종 25교구본사
삼십일본산
대한불교 조계종 종단기구표

법맥도 · 1

(과거칠불)
비바시불 ― 제2 시기불 ― 제3 비사부불 ― 제4 구류손불 ― 제5구나함모불 ― 제6가섭불 ― 제7불 석가모니불

(서천28조사)
① 마하가섭(摩訶迦葉) ― ② 아난존자(阿難尊者) ― ③ 상나화수(商那和修) ― ④ 우바국다(優婆鞠多) ― ⑤ 제다가(提多迦) ― ⑥ 미차가(彌遮迦)
⑦ 바수밀(婆須蜜) ― ⑧ 불타난제(佛陀難提) ― ⑨ 복타밀다(伏馱蜜多) ― ⑩ 협존자(脇尊者) ― ⑪ 부나야사(富那那舍) ― ⑫ 마명대사(馬鳴大士)
⑬ 가비마라(迦毘摩羅) ― ⑭ 용수존자(龍樹尊者) ― ⑮ 가나제바(迦那提波) ― ⑯ 라후라다(羅睺羅多) ― ⑰ 승가난제(僧伽難提) ― ⑱ 가야사다(伽耶舍多)
⑲ 구마라다(鳩摩羅) ― ⑳ 암야다(闍夜多) ― ㉑ 바수반두(婆修盤頭) ― ㉒ 마나라(摩拏羅) ― ㉓ 학늑나(鶴勒那) ― ㉔ 사자존자(獅子尊者)
㉕ 바사사다(婆舍斯多) ― ㉖ 불여밀다(不如蜜多) ― ㉗ 반야다라(般若多羅) ― ㉘ 조조보리달마(菩提達磨)

(중국 5조사)
㉙ 2조 신광혜가(神光慧可) ― ㉚ 3조 완공승찬(皖公僧璨) ― ㉛ 4조 쌍봉도신(雙峰道信) ― ㉜ 5조 황매홍인(黃梅弘忍) ― ㉝ 6조 대감혜능(太鑑慧能)

법맥도 · 2

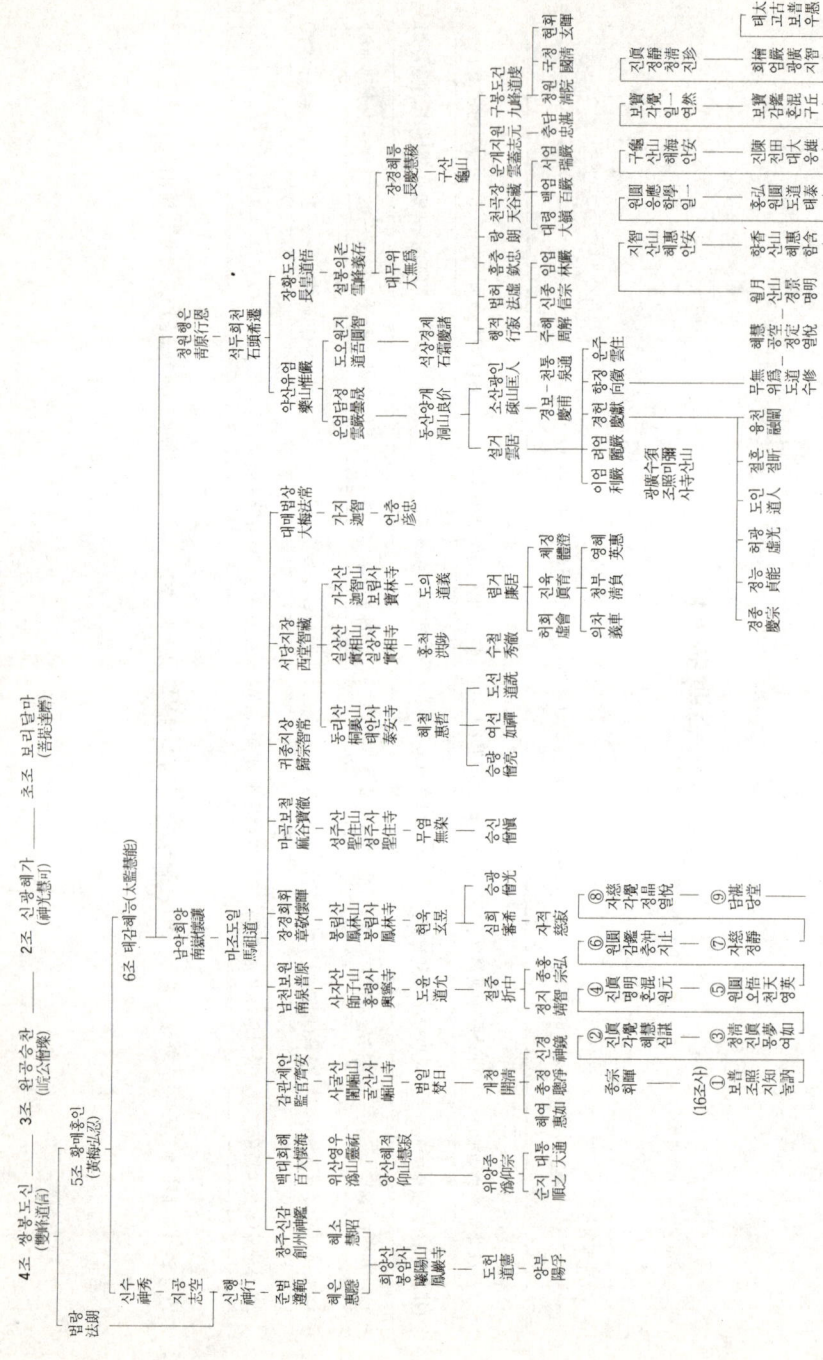

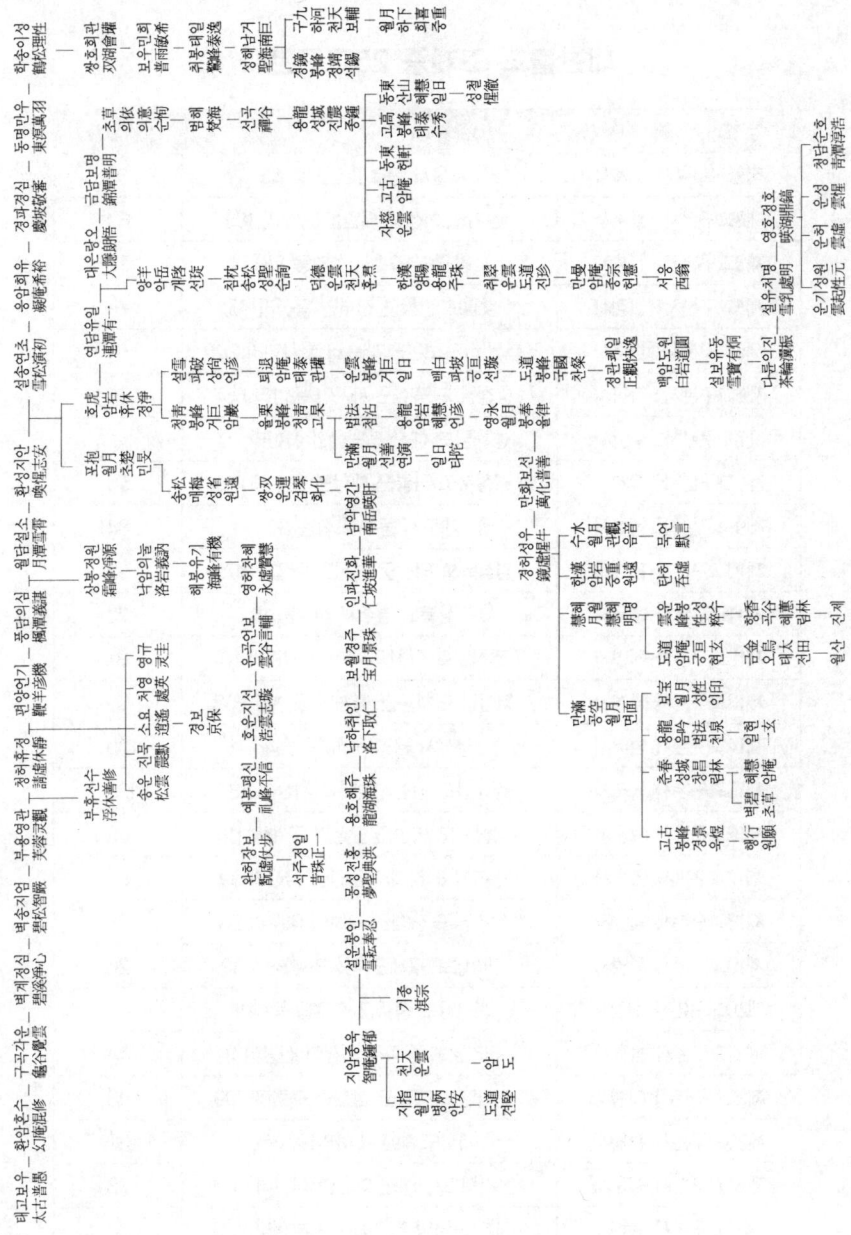

부록 _ 289

대한불교 조계종 25교구본사

교 구 본 사	주　　　소	소속말사
직할교구본사 조계사	서울시 종로구 견지동 45	239
제2교구본사 용주사	경기도 화성군 태안읍 송산리 188	69
제3교구본사 신흥사	강원도 속초시 설악동 170	32
제4교구본사 월정사	강원도 평창군 진부면 동산리 63	74
제5교구본사 법주사	충청북도 보은군 내속리면 사내리 209	61
제6교구본사 마곡사	충청남도 공주군 사곡면 운암리 567	95
제7교구본사 수덕사	충청남도 예산군 덕산면 사천리 20	41
제8교구본사 직지사	경상북도 금릉군 대항면 운수동 216	58
제9교구본사 동화사	대구시 동구 도학동 35	84
제10교구본사 은해사	경상북도 영천군 청통면 치일동 479	53
제11교구본사 불국사	경상북도 경주시 진현동 15	72
제12교구본사 해인사	경상남도 합천군 가야면 치인리 10	81
제13교구본사 쌍계사	경상남도 하동군 화개면 운수리 208	56
제14교구본사 범어사	부산시 금정구 청룡동 546	108
제15교구본사 통도사	경상남도 양산시하북면 지산리 583	125
제16교구본사 고운사	경상북도 의성군 단촌면 구계동 116	52
제17교구본사 금산사	전라북도 김제군 금산면 금산리 39	63
제18교구본사 백양사	전라남도 장성군 북하면 약수리 26	35
제19교구본사 화엄사	전라남도 구례군 마산면 황전리 12	26
제20교구본사 선암사	전라남도 승주군 승주읍 죽학리	
제21교구본사 송광사	전라남도 승주군 송광면 신평리 2	44
제22교구본사 대흥사	전라남도 해남군 삼산면 구림리 799	43
제23교구본사 관음사	제주도 제주시 아라1동 856	32
제24교구본사 선운사	전라북도 고창군 아산면 삼인리 500	38
제25교구본사 봉선사	경기도 남양주군 진전읍 부평리 255	68

삼십일본산(三十一本山)

　삼십일본사(三十一本寺)라고도 한다. 1911년 일본에서 조선 사찰령을 반포하고, 조선총독부(朝鮮總督府)에서는 사찰령(寺刹令) 시행 규칙을 반포하여 우리나라 전국 사찰을 31구역으로 나누고, 매 구역마다 본사 1사(寺)씩을 둔 것을 말한다.
　① 광주 봉은사 ② 양주 봉선사 ③ 수원 용주사 ④ 강화 전등사
　⑤ 보은 법주사 ⑥ 공주 마곡사 ⑦ 달성 동화사 ⑧ 영천 은해사
　⑨ 의성 고운사 ⑩ 문경 김룡사 ⑪ 경주 기림사 ⑫ 합천 해인사
　⑬ 양산 통도사 ⑭ 동래 범어사 ⑮ 전주 위봉사 ⑯ 금산 보석사
　⑰ 해남 대흥사 ⑱ 장성 백양사 ⑲ 승주 송광사 ⑳ 순천 선암사
　㉑ 구례 화엄사 ㉒ 성 건봉사　㉓ 고성 유점사 ㉔ 평창 월정사
　㉕ 신천 패엽사 ㉖ 황주 성불사 ㉗ 평양 영명사 ㉘ 평원 법흥사
　㉙ 영변 보현사 ㉚ 안변 석왕사
　㉛ 함흥 귀주사
이 제도는 1945년 8월까지 시행되었다.

대한불교 조계종 종단기구표

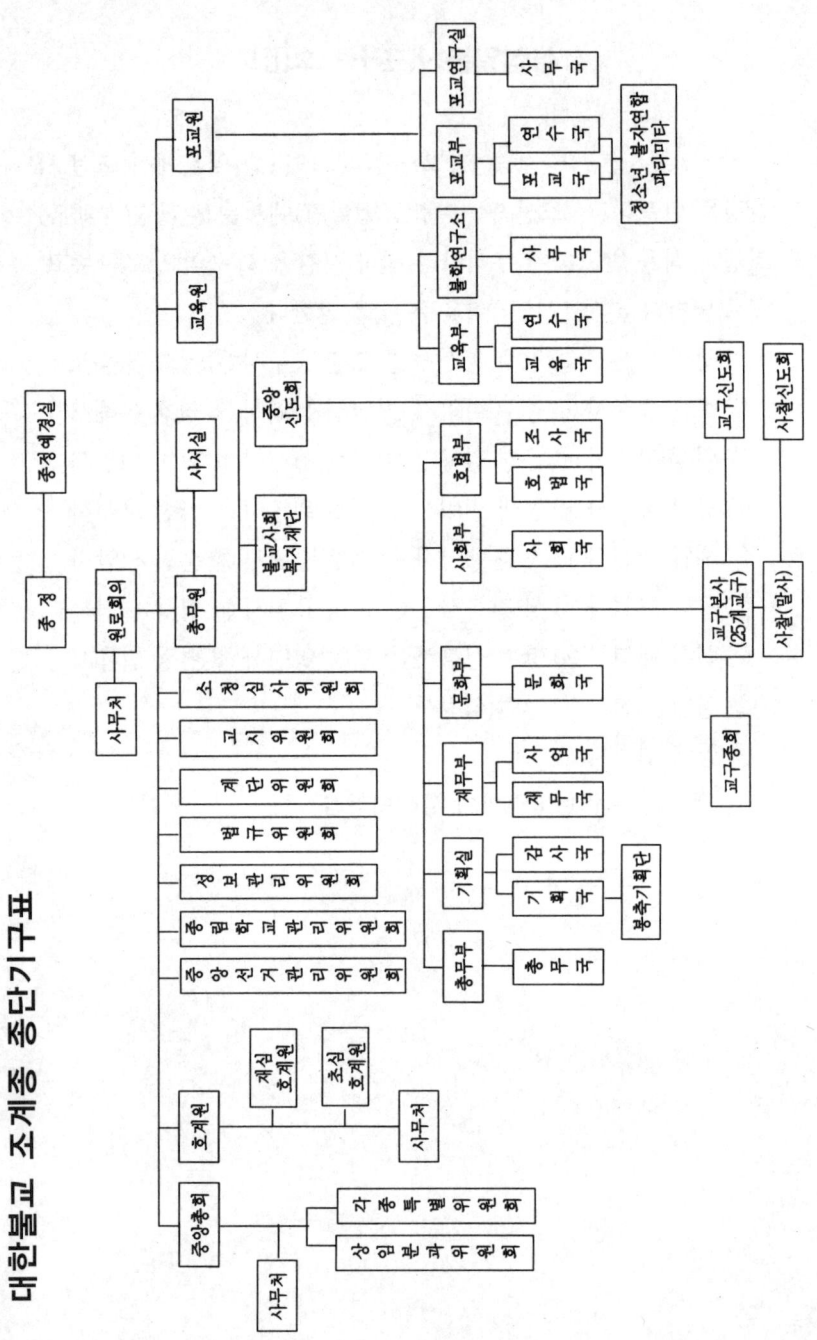

INDEX 찾아보기

⟨ㄱ⟩

가루나(迦樓羅) 235
가릉빈가(迦陵頻伽) 232
가반(加飯) 182
가사(袈裟) 264
가영(歌詠) 129
가정기도 135
가정예불 134
가책(呵責) 262
간경도감(刊經都監) 256
간공(竿孔) 31
간구(竿溝) 31
간주석(竿柱石) 24
간화선(看話禪) 149
강주(講主) 230
갱두(羹頭) 229
거불(擧佛) 129
거사(居士) 227
건달바 235

걸식(乞食) 263
겁탁(劫濁) 239
견성성불(見性成佛) 154
견탁(見濁) 239
경책(警責) 256
고두(鼓頭) 229
공사(供司) 229
공양게(供養偈) 130
공양수(供養受) 183
공포(貢包) 14
관불의식(灌佛儀式) 249
관세음보살 241
관욕(灌浴) 133
교단(敎團) 85
교리(敎理) 85
교외별전(敎外別傳) 152
교주(敎主) 85
구품연지(九品蓮池) 258
귀갑문(龜甲紋) 29

귀두(龜頭) 30
귀면화(鬼面瓦) 14
귀부(龜趺) 29
금강계단(金剛戒壇) 225
금동탑(金銅塔) 22
금란가사(金 袈裟) 225
금란방(禁亂榜) 231
기공비(紀功碑) 29
기단부(基壇部) 32
기독교(基督敎) 94
기복(祈福) 122

〈ㄴ〉

나무(南無) 243
나한전(羅漢殿) 209
난승여래(難勝如來) 241
남종선 151
노반(露盤) 19
노자(老子) 91
니간타 103

〈ㄷ〉

다각(茶角) 229

다게(茶偈) 128, 201
다관(茶罐) 204
다례(茶禮) 195
다보불(多寶佛) 240
다비(茶毘) 244
다신전(茶神傳) 199
다원주의 112
다탁(茶托) 206
단식(斷食) 254
단청(丹靑) 37
달마선(達摩禪) 146, 148
당(幢) 31
당간(幢竿) 31
당간지주(幢竿支柱) 31, 260
당좌(撞座) 34
대웅전 209
대일여래(大日如來) 241
대중(大衆) 265
대통지승불(大通智勝佛) 241
데카르트 106
도교(道敎) 90
도량(道場) 266
도량석(道場釋) 128

동국여지승람 198
동냥(動鈴) 267
동다송(東茶頌) 199

〈ㄹ〉
릴리젼 84

〈ㅁ〉
마르크스 107
마호메트 95
마후라가(摩睺羅迦) 235
막칼리 102
만(卍) 237
말세(末世) 267
면목(面目) 268
명상(瞑想) 267
명색(名色) 268
명탁(命濁) 239
모전석탑(模塼石塔) 21
목우도(牧牛圖) 238
목탑 19
무상(無常) 268
무진의보살(無盡意菩薩) 241

무진장(無盡藏) 270
무차대회(無遮大會) 247
미륵보살 241
미신(迷信) 122

〈ㅂ〉
바이샤 100
박공널(朴工板) 13
박중빈(朴重彬) 99
반야심경(般若心經) 131
발우(鉢盂) 181
발우단(鉢盂單) 184
발우보 184
방부(房付) 258
방생(放生) 247
방선(放禪) 257
방장(方丈) 226, 228
배타주의 110
백팔번뇌(百八煩惱) 252
번뇌탁(煩惱濁) 239
범(梵) 100
범부(凡夫) 270
범종루 15

찾아보기 _ 295

범패(梵唄) 48
법륜(法輪) 237
변식진언(變食眞言) 130
별좌(別坐) 229
병법(秉法) 229
보개(寶蓋) 18
보공양진언(普供養眞言) 130
보궐진언(補闕眞言) 130
보례진언(普禮眞言) 129
보륜(寶輪) 18
보리수(菩提樹) 232
보살(菩薩) 227
보소청진언(普召請眞言) 129
보시(布施) 214
보주(寶珠) 17, 30
보현보살 241
보회향진언(普回向眞言) 130
복발(覆鉢) 18
봉발(奉鉢) 182
봉발탑 21
봉불식(奉佛式) 248
부도(浮屠) 25, 258
부목(負木) 229

부연(附椽) 161
분신(分身) 270
불공(佛供) 239
불립문자(不立文字) 153
브라만 100
비(碑) 28
비구(比丘) 223
비구니(比丘尼) 223
비천상(飛天像) 34
비희(贔屓) 234

〈ㅅ〉

사경 171
사다라니(四陀羅尼) 130
사리(舍利) 251
사미(沙彌) 223
사미니(沙彌尼) 223
사부대중(四部大衆) 228
사성제(四聖諦) 101
사시마지(巳時摩旨) 129
사십구재(四十九齋) 245
사의자 256
사적비(事蹟碑) 29

사천왕 23
삭발염의(削髮染衣) 271
산림기도(山林祈禱) 250
산예 234
산자야 102
삼국사기 198
삼독(三毒) 253
삼사칠증(三師七證) 224
삼십일비불(三十日秘佛) 240
상단 132
상대주의 111
상륜부(相輪部) 26
상발(上鉢) 182
상응부(相應部) 75
상좌(上座) 225
석가모니(釋迦牟尼) 242
석등(石燈) 22, 260
석탑(石塔) 20
선덕(禪德) 228
선생경(善生經) 70
선지식(善知識) 69, 256
설양(設楊) 230
설판재자(設辦齋者) 244

섭자(子) 266
세발(洗鉢) 183
세심교(洗心橋) 258
소크라테스 104
송덕비(頌德碑) 29
수드라 100
수륙재(水陸齋) 55, 246
수발(收鉢) 183
수행본기경(修行本起經) 233
숙명론 102
습의(習儀) 257
승무 54
시다림(尸陀林) 133
신두 92
신통(神通) 270
심우도(尋牛圖) 238
십선계(十善戒) 61
십이지신(十二支神) 236

〈ㅇ〉

아리스토텔레스 105
아미타불(阿彌陀佛) 241
아비규환(阿鼻叫喚) 270

아수라(阿修羅) 271
아지타 102
아촉불 241
안거(安居) 253
야차(夜叉) 235
약사여래(藥師如來) 241
약상보살(藥上菩薩) 241
약왕보살(藥王菩薩) 242
양지(陽枝) 266
에피쿠로스 106
여의보주(如意寶珠) 30, 238
연등(燃燈) 249
연등불(燃燈佛) 240
열녀비(烈女碑) 29
열반(涅槃) 244
열중(悅衆) 228
영산재(靈山齋) 247
예불(禮佛) 127
예수재(豫修齋) 55, 246
오계(五戒) 59
오관게(五觀偈) 189
오신채(五辛菜) 252
오탁악세(五濁惡世) 239

옥개석(屋蓋石) 23
옥야경(玉耶經) 67
요가 145
용뉴 34
용두(龍頭) 34
용마루 13
용맹정진(勇猛精進) 255
용상방(溶相榜) 228
용수(龍樹) 241
용장(龍藏) 233
용차(龍車) 18
우담바라(優曇波羅) 232
우동(隅棟) 19
우란분절(于蘭盆節) 250
우상(偶像) 122
우포사다 242
운력(運力) 254
원공(圓孔) 32
원불교(圓佛敎) 99
원상(圓相) 237
원성취진언(願成就眞言) 130
원이삼점(圓伊三點) 237
월광보살 241

유곽(乳廓) 34
유교(儒敎) 89
유두(乳頭) 34
유물론(唯物論) 102
유치(由致) 129
유해진언(乳海眞言) 130
육방예경(六方禮經) 68
음통(音筒) 34
이문(吻) 234
이수(首) 29
이슬람교 95
이운의식(移運儀式) 249
인가(印可) 254
인연(因緣) 272
일월등명불(日月燈明佛) 241
일자수륜관진언(一字水輪觀眞言)
　　　　　　130
입선(入禪) 257
입승(立繩) 228
입정(入定) 186

〈ㅈ〉

자비(慈悲) 214, 272

자자(自恣) 255
장로(長老) 273
장삼(長衫) 265
장생표(長生標) 261
장승(長丞) 36
재(齋) 241
재일(齋日) 240
전도(傳道) 273
전발(展鉢) 182, 187
전탑(塼塔) 21
절발수(折鉢水) 183
점안식(點眼式) 248
정광불(定光佛) 240
정두(淨頭) 229
정법계진언(淨法界眞言) 130
정재소(淨齋所) 230
제경요집(諸經要集) 75
조두(澡豆) 266
조사선(祖師禪) 151
조신법(調身法) 155
조실(祖室) 226, 228
조심법(調心法) 157
종(鐘) 33

종두(鐘頭) 229
종성(鐘聲) 128
종정(宗正) 226
좌선 164
주련(柱聯) 262
중강(仲講) 230
중단 133
중도(中道) 73
중생(衆生) 275
중생탁(衆生濁) 239
증명(證明) 230
증산교 98
증지부 72
지대석(地台石) 19, 25
지옥(地獄) 276
지장보살 241
직지인심(直指人心) 154
진언권공(眞言勸供) 130
진지(進旨) 182

〈ㅊ〉

차상(茶床) 206
찬불가(讚佛歌) 51

찰중(察衆) 228
참선 155
채두(菜頭) 229
채화(彩畵) 42
처마(軒) 14, 23
천도교(天道敎) 98
천도재(薦度齋) 132, 245
천수물(千手水) 183, 188
천초(穿草) 42
천태선 147
철탑(鐵塔) 22
청동탑(靑銅塔) 22
청사(請辭) 129
초도(椒圖) 234
총무원장(總務院長) 226
최제우 98
축원(祝願) 130
출초(出草) 41
충담스님 198
치미(尾) 13
칠불통계(七佛通誡) 62
칠요소설(七要素說) 101
칠정례(七頂禮) 128, 130

〈ㅋ〉

칸트 107
크샤트리아 100

〈ㅌ〉

타초(打草) 42
탁발(托鉢) 255
탄백(嘆白) 130
탑(塔) 16, 260
탑비(塔碑) 29
탑신부(塔身部) 19, 26
통알(通謁) 277

〈ㅍ〉

파쿠다 101
팔재계(八齋戒) 60
패엽경(貝葉經) 225
편액(扁額) 262
폐안 234
포괄주의 111
포뢰(蒲牢) 234
포살(布薩) 254
포행(步行) 257

푸라나 101
플라톤 104
피안교(彼岸橋) 258

〈ㅎ〉

하단 133
하발(下鉢) 182
행자(行者) 223
향로(香爐) 266
허공장보살 241
헌식(獻食) 182, 229
헌좌진언(獻座眞言) 129
헤겔 107
화두(話頭) 229
화사석(火舍石) 23
화신(化身) 279
화창(火窓) 23
화청(和請) 49
환희불(歡喜佛) 241
회랑(回廊) 260
회향(廻向) 74, 191, 243
효자비(孝子碑) 29
힌두교 92

찾아보기 _ 301

알기 쉬운 불교강좌(2권)

엮은이 · 대안스님
발행인 · 김상일
발행처 · 혜성출판사
기 획 · 안정수, 김광호
디자인 · 김성엽
사 진 · 혜성PHOTO
인 쇄 · 대웅인쇄
출 력 · 대초출력

주 소 · 서울특별시 동대문구 신설동 114-91 삼우빌딩 A동 205호
전 화 · 2233-4468
팩 스 · 2253-6316
등록번호 · 제5-597호
수정증보 제1판 인쇄일 · 2004년 10월 15일
수정증보 제1판 발행일 · 2004년 10월 20일

홈페이지 www.hyesungbook.com
전자우편 hyesungbook@hotmail.com
정가 10,000원

책의 파본은 교환해 드립니다.
더욱 더 맑고 향기로운 책을 만들기위해서 노력하겠습니다..